loups-garous, vampires et autres monstres

ENQUÊTES MÉDICALES ET LITTÉRAIRES

JEAN GOENS

loups-garous, vampires et autres monstres

ENQUÊTES MÉDICALES ET LITTÉRAIRES

CNRS EDITIONS

remerciements

Cet ouvrage voit le jour grâce à l'aide de nombreuses personnes auxquelles j'exprime toute ma reconnaissance. Tout d'abord Nadia Verbrugge, sans qui cet ouvrage ne serait pas, qui m'a soutenu par ses encouragements et m'a fourni un soutien logistique. Toute ma gratitude va également aux firmes V.M.S. et Roche Posay qui montrent par leur dynamisme et leur générosité que le mécénat existe encore.

Je remercie également Richard Caplan, professeur de dermatologie à l'Université d'Iowa City, dont les travaux sur les aspects littéraires de la dermatologie m'ont incité à replacer notre spécialité dans un contexte culturel plus large. Depuis bientôt dix ans, à travers une correspondance suivie, il m'a prodigué conseils, références et encouragements.

De manière très désintéressée, Alain Esterzon et Muriel Collart ont su m'orienter vers CNRS Editions pour la publication de mon texte. Je leurs en suis très reconnaissant, de même qu'à tous ceux qui m'ont apporté leur collaboration : J. A. Cotterill, A. Dinet, Y. Dinet, G. Dubus, J. Finné, R. Horowitz, A. Lyell, P. Moens, J.-Y. Nau, T. Ribeiro De Carvalho, D. Wallach, A. Walsh, B. Willocx, V. Willocx, la firme U.C.B. et le personnel de la bibliothèque de la faculté de médecine de l'Université libre de Bruxelles. Pour la documentation je remercie également W. Broeckx, H. Brousmiche, J. Delescluse, Ph. de Raed, D. Geeraerts, E. Graeffe, D. Willocx et le personnel du service photographique de la faculté de médecine.

Je souhaite exprimer toute ma gratitude à mon père, Julien Goens, qui m'a fourni la quasi totalité de la documentation historique et m'a aidé dans toutes les phases de l'élaboration de cet ouvrage. René Van Lerberghe a patiemment relu et corrigé l'intégralité de ce texte et Marianne Gauthier en a assuré la dactylographie.

Je dédie cet ouvrage au professeur Georges Achten, en le remerciant pour la clarté et l'humanisme de l'enseignement qu'il a su dispenser. Puisse-t-il retrouver ici ces caractéristiques.

La distribution de cet ouvrage aux dermatologues a pu être réalisée grâce aux laboratoires GLAXO Belgique.

ISBN : 2-271-05085-5

table des matières

Harry Dickson
LE SHERLOCK HOLMES
AMERICAIN
117
Le Vampyre qui chante.
Prix fr.

Introduction

La médecine occupe une place particulière dans l'éventail des disciplines scientifiques, à l'intersection des sciences naturelles et des sciences humaines. Elle est à la fois un art, où le médecin, tel l'écrivain, doit compter sur sa sensibilité personnelle et sa compréhension subjective de la nature humaine, mais aussi une science, un fonds de connaissances objectives sur lequel le médecin s'appuie pour développer rigoureusement sa démarche diagnostique.

Cette démarche comprend un interrogatoire (anamnèse), une observation attentive (examen physique) avec un relevé des indices (symptômes et signes) et un choix d'examens complémentaires qui aboutissent par déductions successives au diagnostic différentiel puis définitif. Il s'agit donc d'une forme d'enquête, la démarche médicale étant similaire à celle du détective.

Nombreux sont les médecins qui cherchent à transposer cette démarche dans divers domaines culturels, par lesquels il sont attirés en fonction de cette perception sensible de la nature humaine qui fait partie intégrante de l'art de guérir. Les enquêtes rétrospectives sur des énigmes médico-culturelles se sont ainsi multipliées depuis le début du siècle dans les publications médicales. Les maladies dermatologiques sont très propices à ce type d'approche car elles s'expriment par des symptômes externes, donc des indices visuels.

Il s'avère que les personnages atteints d'affections cutanées spectaculaires modifiant l'image corporelle, et plus spécialement ceux que l'on appelle les monstres, font l'objet d'un intérêt particulier. En effet, d'une part, sur le plan médical, la sémiologie de ces monstres est extrêmement riche et se prête donc particulièrement aux hypothèses diagnostiques ; d'autre part, sur le plan culturel, les monstres sortent des normes physiques de la société et cette valorisation se caractérise par une vision métaphorique subjective, parfois très éloignée de la réalité, que l'enquête tentera de rétablir. Il a donc paru intéressant de présenter ici quelques monstres célèbres.

La démarche utilisée est bien entendu celle de l'enquête, qui comprend un volet médical et un volet culturel. L'enquête médicale cherche à poser le diagnostic de l'affection dont ces monstres étaient atteints, à partir des éléments sémiologiques disponibles.

L'enquête culturelle tente de reconstituer l'histoire réelle des personnages par rapport à la version mythifiée connue du public et à analyser les apports culturels successifs transformant progressivement le personnage en son propre mythe.

Le premier cas envisagé est celui de l'Homme-Eléphant, qui fut l'objet d'une des premières enquêtes médicales, puis plus récemment d'une remarquable enquête culturelle menée par le docteur Michael Howell.

Le cas de Richard III est une énigme d'une telle complexité que de nombreux spécialistes d'horizons différents ont cherché à en

Illustration pour LE VAMPYRE QUI CHANTE, *une aventure de Harry Dickson par Jean Ray.*

◆

Portrait d'Arthur Conan Doyle. Il fut l'élève du professeur Joseph Bell lors de ses études de médecine à l'université d'Edimbourg.

◆

clarifier les volets culturel et médical. Loups-garous et vampires, pour lesquels un support médical est proposé, constituent la plus complexe et la plus passionnante des enquêtes médico-culturelles au cœur même des hantises fondamentales de l'humanité.

Enfin, il revient à Jack l'Eventreur une part qu'il mérite largement puisqu'il est à l'origine de cet ouvrage et qu'il présente des affinités avec la plupart des personnages évoqués, ce qui permet d'envisager une enquête sociologique et criminelle.

Par ailleurs, le domaine littéraire se prête particulièrement à la démarche de l'enquête médico-culturelle qui a été menée auprès de certains monstres fictifs de la littérature, tel Quasimodo, pour les comparer avec les monstres réels. De nombreux autres exemples d'enquêtes menées par des médecins sur des énigmes médicales de la littérature sont également présentés.

Le mot final reviendra à l'écrivain, créateur de personnages et de mythes et qui est souvent lui-même un excellent observateur voire un enquêteur médical. Ses textes peuvent permettre l'identification ou le diagnostic exact de certaines maladies, parfois même en fournir les premières descriptions médicales. Certains d'entre eux se prêtent ainsi admirablement à l'enquête médico-littéraire.

Parmi ces écrivains, un des exemples les plus significatifs est sans doute celui d'Arthur Conan Doyle (1859-1930) qui était à la fois médecin, écrivain et détective. Il considérait que les qualités d'observation et de déduction sont indispensables à ces trois activités, la démarche de l'enquête et l'attrait pour la reconstitution à partir d'éléments épars caractérisant le médecin et le détective, mais aussi de nombreux écrivains.

L'origine de l'affinité de Conan Doyle pour ce type de démarche remonte à l'époque où il faisait ses études de médecine à l'université d'Edimbourg. L'enseignant le plus populaire était alors le professeur Joseph Bell (1837-1911), surnommé Joe, par ailleurs écrivain prolifique et excellent clinicien. Ses cours attiraient de nombreux étudiants qu'il fascinait par ses capacités d'observation et de déduction, non seulement à propos de la pathologie de ses patients, mais aussi de leur occupation et de leur personnalité.

Par exemple, lors d'un de ses cours, une femme avec son enfant fut montrée dans l'amphithéâtre. Bell la salua et lui demanda : "Comment a été votre traversée depuis Burntisland ?" " Elle a été bonne." "Et avez-vous eu une bonne marche en remontant Inverleith Row ?" "Oui." " Et qu'avez-vous fait de l'autre enfant ?" "Je l'ai laissé à ma sœur à Leith." "Et travaillez-vous toujours dans cette usine de linoleum ?" "Oui, effectivement." "Voyez-vous, gentlemen, dit-il, quand elle m'a dit bonjour, j'ai remarqué son accent du Five et, comme vous savez, la ville du Five la plus proche est Burntisland. Vous avez perçu l'argile rouge sur la pointe de la

semelle de ses chaussures, et la seule argile semblable dans les vingt miles autour d'Edimbourg se trouve au jardin botanique. Inverleith Row longe le jardin botanique et est le chemin le plus court de Leith à ici. Vous avez observé que le manteau qu'elle portait à son bras gauche était trop grand pour l'enfant qui l'accompagnait, et elle a donc quitté sa maison avec deux enfants. Finalement, elle avait une dermatite des doigts de la main droite qui est particulière aux travailleurs de l'usine de linoleum de Burntisland."

Conan Doyle fut visiblement impressionné par les démonstrations de Joseph Bell puisque, comme il le rapporte dans ses souvenirs, il s'en inspira pour créer le personnage de Sherlock Holmes, dont les célèbres méthodes de détection sont une transposition directe de la démarche médicale du professeur. L'écrivain écossais Robert-Louis Stevenson reconnut d'ailleurs immédiatement, sous les traits du détective, son "vieil ami Joe Bell".

Du fait que les maladies de la peau s'expriment par des symptômes externes, Joseph Bell manifestait un intérêt particulier pour la dermatologie ; leur diagnostic, essentiellement objectif, requiert dès lors cette attention aux détails morphologiques et topographiques ainsi que cet enchaînement d'observations et de déductions qui lui étaient chers. Bell allait par ailleurs former le premier titulaire de la chaire de dermatologie de l'université d'Edimbourg, W. A. Jamieson, et rédiger avec lui un des premiers traités de dermatologie.

A la même époque, un des pionniers de la dermatologie moderne, le Viennois Friedrich von Hebra (1816-1880) étonnait aussi son entourage par une méthodologie analogue qui accorde une importance particulière à l'observation et au raisonnement analytique.

Conan Doyle, après ses études à l'université d'Edimbourg, devint un médecin respecté, spécialiste en ophtalmologie, mais il est surtout connu de nos jours en tant qu'écrivain grâce aux aventures de Sherlock Holmes et de son comparse le docteur John Watson. Il eut par ailleurs l'occasion à plusieurs reprises de montrer ses propres talents dans des affaires criminelles. Au terme d'enquêtes difficiles et de démarches incessantes, il innocenta ainsi George Edalji, condamné en 1903 à sept ans de réclusion pour mutilation de chevaux, et Oscar Slater, condamné pour meurtre à la prison à vie en 1909 et libéré en 1927.

Dans le domaine médical, il sut se montrer digne de son maître. Un de ses collègues raconte que Conan Doyle « s'était arrêté devant le lit d'un jeune enfant d'approximativement deux ans et demi. La mère était à ses côtés. Presque sans hésitation, il se tourna vers elle et lui dit, gentiment mais fermement : "Vous devriez cesser de peindre le lit de l'enfant". L'enfant souffrait certainement d'une intoxication au plomb. Nous connaissions le diagnostic, mais lui avons demandé

Par ses démonstrations cliniques, le professeur Joseph Bell passionnait ses étudiants en mettant en exergue ses étonnantes capacités d'observation et de déduction. Cliché extrait de MURDER FOR PLEASURE *de Howard Haycraft.*

◆

Portrait d'Arthur Conan Doyle. Médecin de formation, il devint un écrivain renommé grâce à son célèbre détective Sherlock Holmes.

◆

comment il était arrivé si vite à la bonne conclusion. Il sourit et répondit : "L'enfant avait l'air pâle mais bien nourri. Il était apathique et son poignet lâchait quand il essayait de tenir un jouet. La mère était bien habillée, mais elle avait des petites taches de peinture blanche sur les doigts de sa main droite. Les enfants aiment se faire les dents sur les barreaux de leur lit — donc une intoxication au plomb semblait le diagnostic le plus vraisemblable".»

Conan Doyle a largement montré dans son œuvre littéraire combien la méthode du détective est similaire à celle du médecin. Il en offre de nombreux exemples dans les enquêtes de Sherlock Holmes, dont deux au moins concernent des affections dermatologiques. Ainsi que le montrent les affinités de Joseph Bell, la dermatologie est sans doute la branche de la médecine où la démarche diagnostique est la plus proche de l'enquête policière, en raison de l'importance des indices visuels. Dans *Le Soldat blanchi* et *La Crinière du lion*, le docteur Watson n'est pas, comme à l'accoutumée, le narrateur et le témoin privilégié. Holmes explique dans les deux cas aux lecteurs les raisons pour lesquelles Watson est absent et justifie le fait qu'il prenne lui-même la plume. R. Caplan a montré qu'il ne s'agissait pas là d'un simple désir de variation, mais plutôt d'un procédé littéraire lié à la nature médicale des intrigues ; la présence de Watson aurait provoqué un diagnostic prématuré, donc une chute trop précoce du suspense et une impossibilité de mettre en évidence les facultés du détective.

Dans *La Crinière du lion*, Sherlock Holmes résout l'énigme de la mort mystérieuse d'un maître d'école en bord de mer, grâce à la présence de lignes rouges hémorragiques sur son dos qui lui évoquent une allergie mortelle à une méduse géante.

Dans *L'Aventure du soldat blanchi*, le détective détermine la cause de la disparition d'un soldat de retour d'Afrique du Sud : il avait été isolé par ses parents avec un diagnostic de lèpre. Holmes met ce diagnostic en doute puisqu'il consulte un éminent dermatologue, Sir James Saunders, qui conclut à une dermatose bénigne.

Cette nouvelle est l'une des rares œuvres littéraires dont un des protagonistes est dermatologue. Certains ont suggéré que Sir James Saunders était une transposition romanesque du professeur Jonathan Hutchinson, célèbre dermatologue et chirurgien de l'Hôpital de Londres. Dans ces deux enquêtes de Sherlock Holmes, la personnalité médicale de Conan Doyle et Joseph Bell transparaît nettement, mais le succès du détective allait rapidement éclipser les deux médecins, celui qui l'avait créé et celui qui l'avait inspiré. Conan Doyle fut contraint de continuer à raconter les exploits de son héros bien qu'il souhaitât pourtant passer à d'autres sujets d'écriture. Et quand il crut s'en être débarrassé en le faisant mourir, il fut obligé de le ressusciter sous la pression des lecteurs, avides de nouvelles aventures.

Au XXe siècle, la popularité de Sherlock Holmes allait dépasser celle de tous les autres personnages de fiction : il est le héros ayant fait l'objet du plus grand nombre d'adaptations cinématographiques et d'émules littéraires. Il est ainsi à l'origine de l'extraordinaire engouement qu'allait connaître la littérature policière au XXe siècle, en particulier en Angleterre durant l'entre-deux-guerres.

Parmi ces nouveaux émules réapparaît parfois l'ombre du professeur Joseph Bell et plus tard, certains des détectives les plus célèbres de la littérature policière seront également médecins : Augustus S. F. X. Van Dusen alias la machine à penser (Jacques Futrelle), Craig Kennedy (Arthur B. Reeve), Reginald Fortune (Henry C. Bailey), Gideon Fell (John Dickson Carr), Henry Westlake (Jonathan Stagge).

Le cas le plus caractéristique est celui du jeune docteur David Wintringham, très populaire en Angleterre, aussi habile à reconnaître les indices médicaux sur les lieux du crime qu'à repérer les diagnostics médicaux incorrects, et qui partage son temps entre les archives d'un hôpital londonien, ses consultations médicales dans l'East End et ses enquêtes policières. Son auteur, Doris Bell Collier Ball (née en 1897) qui écrit sous le nom de plume significatif de Josephine Bell, est certainement la plus proche de la profession médicale parmi tous les écrivains de policiers.

Mais c'est le docteur John Thorndyke, détective imaginé par le médecin anglais R. Austin Freeman (1867-1942), qui va prendre brillamment le relais de Sherlock Holmes dans le domaine de l'enquête policière à base scientifique. Le docteur Thorndyke, inspiré tout comme Sherlock Holmes d'un personnage réel, le professeur A. S. Taylor, a bénéficié d'une formation de médecin légiste, et ses méthodes sont scientifiques ; à l'inverse des détectives intuitifs, tel l'inspecteur Maigret, il ne se préoccupe que des indices matériels et se fonde sur une profonde connaissance de divers domaines scientifiques et médicaux. Flanqué de son aide, le docteur Christopher Jervis, qui est un peu son Watson, et de son technicien-laborantin-photographe Nicholas Polton, il intègre des indices médicaux, parfois de nature dermatologique, dans sa démarche d'investigation. Dans *A Fisher of men*, il identifie un homme inconscient comme étant le propriétaire d'un sac abandonné en trouvant des cheveux monilethrix sur une brosse et dans la

Les méthodes de détection de Sherlock Holmes sont directement inspirées de la démarche médicale de Joseph Bell.

◆

barbe de la victime (le monilethrix est une anomalie génétique de structure des cheveux). Dans *The Case of the white footprint*, un assassin africain est identifié grâce à l'absence de cinquième orteil causée par un ainhum (l'ainhum est un anneau fibreux d'origine traumatique ou circulatoire provoquant une amputation des petits orteils). Dans *The New Jersey Sphynx*, Thorndyke constate que certaines affections cutanées, telles l'ichtyose, le psoriasis ou l'eczéma sec, peuvent modifier les empreintes digitales.

D'autres médecins vont par la suite s'illustrer dans des enquêtes policières comportant un aspect dermatologique. Contrairement à Sherlock Holmes dans *L'Aventure du soldat blanchi*, le docteur Steve Mason, spécialiste en maladies tropicales, est confronté à un vrai cas de lèpre dans *Lazare n°7* (1941) de Richard Sale. L'intrigue repose sur une série de meurtres commis par une actrice hollywoodienne afin d'éviter que ne soit divulgué son terrible secret : elle aurait été contaminée lors d'un tournage en Polynésie et soignée avec les premiers dérivés des sulfones dans une léproserie du sud de la Californie, où persistent encore quelques cas. Le docteur Mason, de passage à Hollywood, réussit à démasquer la meurtrière malgré son habileté : un fond de teint foncé et un maquillage de cinéma cachaient les cicatrices dépigmentées, l'absence de sourcil passait pour un effet de la mode (on les épilait et les redessinait au crayon), les cicatrices du nez pour une correction esthétique manquée. Mais cette lèpre a aussi sa valeur métaphorique classique et l'actrice lépreuse symbolise ici Hollywood rongée par la corruption et le docteur Mason ne se prive pas de souligner la dégénérescence morale de la capitale du cinéma et les germes qui l'infectent.

Dans *Tendres Aveux* (1959) de Ben Benson, l'accusé utilise une forme particulière et temporaire d'urticaire à la pression, le dermographisme — la moindre pression provoque l'apparition de lésions, ce qui fait qu'on peut écrire (-graphisme) en relief sur la peau (dermo-) du patient — pour faire croire qu'il a été victime de violences policières. Néanmoins, un dermatologue, le docteur Arthur Kronkhite, en digne successeur de Sir James Saunders, intervient au moment opportun pour expliquer que la peau de l'accusé est tellement sensible qu'il suffit de l'érafler avec un ongle ou même un cure-dent pour qu'apparaissent des stries en relief.

Si la popularité de Sherlock Holmes a donc engendré toute une littérature de détection où la démarche de l'enquête policière est parfois proche de celle du diagnostic médical, elle a engendré également un phénomène quasi unique dans le domaine de la fiction. Sherlock Holmes est en effet l'un des seuls personnages fictifs dont le charisme est tel qu'il devient réel aux yeux du public, ainsi qu'en atteste l'abondant courrier parvenant quotidiennement au 221b, Baker Street qui comprend des appels à la sagacité du détective, des missives admiratives de fans et même... des lettres d'amour !

Les médecins ont été bien entendu parmi les premiers à manifester leur affinité avec le modèle holmésien. Sherlock Holmes est ainsi le personnage de fiction le plus souvent cité dans la littérature médicale du XXe siècle et, parmi les associations professionnelles de fervents du grand détective, figurent nombre de spécialités médicales. Les spécialistes en dermatologie, en particulier, sont parmi les plus actifs de ces admirateurs. Ils se sont regroupés en 1974 pour former l'une des plus importantes de ces associations : la Sir James Saunders Society, en l'honneur du dermatologue qui intervient dans *L'Aventure du soldat blanchi*.

C'est dans le cadre de la réunion annuelle de 1988 de la Sir James Saunders Society que nous avons présenté, à l'occasion du centenaire de l'affaire Jack l'Eventreur, une communication intitulée "Sherlock Holmes, Jack the Ripper and the Elephant Man" qui est à l'origine de cet ouvrage.

Le docteur John Thorndyke, détective imaginé par le médecin anglais Austin Freeman, alla encore plus loin que Sherlock Holmes dans la rigueur scientifique de ses techniques d'investigation. Illustration de H. M. Brock pour PEARSON'S MAGAZINE, *1908.*

◆

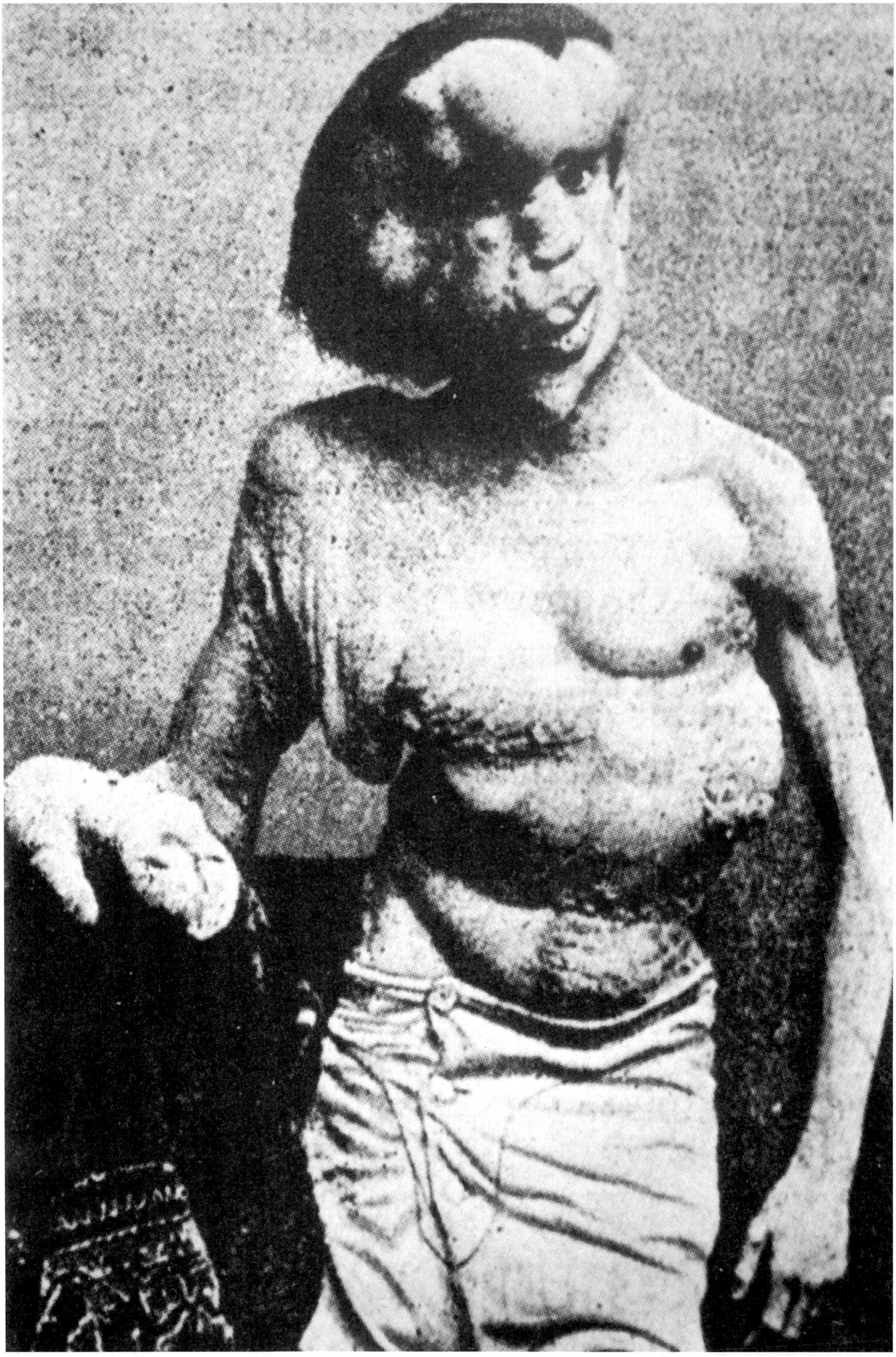

l'homme-éléphant

La vie de l'Homme-Eléphant

L'Homme-Eléphant, de son vrai nom Joseph Carey Merrick, est né le 5 août 1862 dans un quartier pauvre de Leicester, petite ville située au nord de Londres dont les ressources sont l'industrie textile et la confection. Il est parfaitement constitué à la naissance et ce n'est qu'à l'âge de deux ans qu'apparaît une enflure de la lèvre inférieure qui va entreprendre la joue droite et provoquer une protubérance de la lèvre supérieure, en ébauche de trompe. Sa mère attribuera ces déformations au fait qu'elle avait été poursuivie durant sa grossesse par un éléphant échappé d'un cirque, selon la croyance universellement répandue depuis des millénaires en une influence des facteurs psychiques sur la genèse de malformations congénitales (théorie de l'impression maternelle).

D'autres malformations apparaîtront dans les années suivantes : bosse frontale, relâchement et rugosité cutanés, augmentation de volume du bras droit et des pieds. Cette difformité va faire de lui un enfant solitaire et renfermé, alors que ses parents, son frère et sa sœur, normalement constitués, mènent une existence ordinaire.

En 1873, alors qu'il est âgé de onze ans, survient le plus grand malheur de sa vie : le décès de sa mère. Ainsi disparaît la seule personne qui lui avait apporté amour et compréhension. Après le remariage de son père, il sera en effet rejeté par sa belle-mère, raillé par ses demi-frères et délaissé par son père. Il trouve alors du travail dans une manufacture de cigares mais la lourdeur de son bras droit et la maladresse de ses gestes le rendent progressivement inapte à cette tâche.

A quinze ans, après une courte période de chômage, il acquiert un permis de colportage pour vendre au porte à porte la marchandise de la mercerie familiale, mais son langage, de moins en moins compréhensible, et son aspect physique effrayant l'empêchent de vendre le quota minimum. Dès lors, sous-nourri par sa belle-mère qui l'accuse de traîner dans les rues, il sera réduit à dépenser l'argent des ventes pour acheter à manger. Il recevra alors une correction paternelle d'une telle violence que Joseph Merrick décide de quitter à tout jamais un foyer qui n'a plus rien de familial. Il est alors recueilli par son oncle Charles qui lui propose de reprendre le colportage sans obligation de rendement. Mais le moindre de ses déplacements provoque un attroupement et, peu avant ses dix-huit ans, la police lui supprime son permis de colportage pour trouble de l'ordre public.

Mais son oncle étant très pauvre, Merrick refuse de demeurer à sa charge et, devant l'impossibilité de trouver un travail, il décide de s'inscrire à l'hospice des pauvres de Leicester. Il y est placé dans le groupe des adultes de seize à soixante ans, de sexe masculin, avec les nécessiteux, les ivrognes, les irresponsables, les incapables, les handicapés

Joseph Merrick, l'Homme-Eléphant, est un des cas les plus célèbres de monstruosité physique. Il est né en 1862 à Leicester et décédé en 1890 à l'Hôpital de Londres.

◆

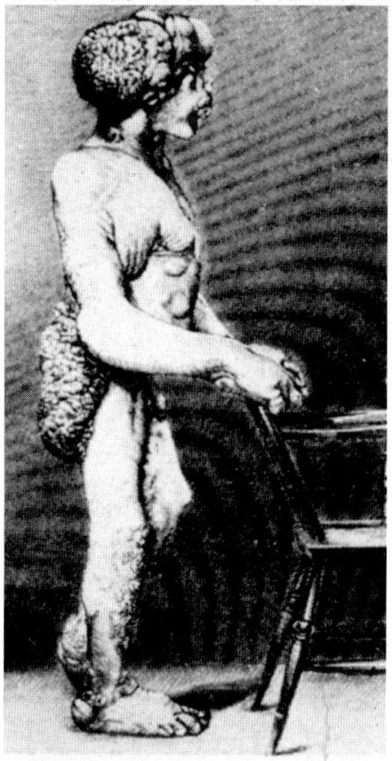

L'aspect physique repoussant de Joseph Merrick l'empêchait de travailler normalement. Il fut dès lors obligé de s'exhiber en tant que "monstre" afin de subvenir à ses besoins.

◆

Tom Norman, le forain qui installa Joseph Merrick dans une boutique en face de l'Hôpital de Londres en 1884.

◆

et les simples d'esprit. Afin de n'y conserver que les authentiques démunis, le règlement et les conditions de vie de l'hospice sont très strictes : salles communes, horaires inflexibles, sexes et âges séparés, alcool et tabac interdits, visites et sorties limitées, sanctions de privation et d'emprisonnement pour le moindre écart. Les hommes y sont affectés à des ateliers de travail avec obligation de rendement.

Joseph Merrick va rester quatre ans à l'hospice, de 1880 à 1884, jusqu'à ne plus pouvoir supporter la monotonie d'une vie misérable et l'humiliation d'une dépendance dégradante. Dès lors, en août 1884, à vingt-deux ans, il décide de contacter le propriétaire d'un spectacle de music-hall, Sam Torr, pour s'y exhiber comme monstre afin d'échapper à l'hospice et d'accéder à l'indépendance financière.

Après s'être produit dans différentes villes, Joseph Merrick arrive en novembre 1884 à Londres où il est pris en charge par Tom Norman, impresario rusé et opportuniste, baratineur de talent qui possède de nombreux salons d'exhibition permanents et va installer Merrick à la boutique de Whitechapel Road en le présentant comme homme-éléphant, monstre mi-homme, mi-éléphant.

On pourrait discourir longuement sur la nature humiliante de ces spectacles-exhibitions, sur l'exploitation éhontée de la misère physique par des manipulateurs sans scrupules et sur le caractère malsain du voyeurisme ainsi suscité, mais il faut bien admettre que la société victorienne n'offrait à ces malformés aucune autre possibilité de gagner leur vie.

Le hasard voulut que la boutique fût située en face de l'Hôpital de Londres et que le spectacle attire un jeune interne en chirurgie, Reginald Tuckett, qui rapporte la chose à son maître, le docteur Frederick Treves, alors titulaire de la chaire de chirurgie. Celui-ci se rend donc à la boutique où il obtient de Tom Norman, moyennant finances, la possibilité d'examiner et de photographier l'Homme-Elephant au département d'anatomie de l'Ecole de médecine, puis de le présenter *in vivo* à la séance de décembre 1884 de la Société de pathologie de Londres.

Les seules réactions qu'il suscite alors sont des réticences quant à l'utilité de telles présentations. Mais Treves insiste et représente le cas de Joseph Merrick en mars 1885, à cette même société. Le docteur Radcliffe Crocker, la plus haute autorité dermatologique anglaise de l'époque, ne posa pas de diagnostic précis malgré certains commentaires très pertinents.

Le monde médical ne lui ayant rien apporté de concret, l'Homme-Eléphant reprend sa vie d'exhibition, mais en 1885, une ordonnance de police prescrit la fermeture des établissements exhibant des monstres. Non pas que la société victorienne se soit soudain émue du sort de ces malheureux ! Il s'agissait davantage de sauvegarder la respectabilité victorienne et de ne pas heurter

les bonnes mœurs en cachant ces monstres dans les institutions publiques de charité.

Joseph Merrick retourne alors à Leicester où il fait publier son autobiographie par les soins de Sam Torr. Ne pouvant plus s'exhiber en Angleterre ni retourner à l'hospice, il est confié à un impresario autrichien en instance de départ pour une tournée sur le continent. Mais là aussi, le spectacle se heurte à une police réfractaire et l'impresario, qui réalise que le vent tourne et que ce genre d'exhibition a cessé d'être rentable, abandonne l'Homme-Eléphant en juin 1886 à Bruxelles, après l'avoir au préalable dépouillé de ses cinquante livres d'économies.

Abandonné dans un pays qui lui est inconnu, vêtu uniquement d'une large casquette, d'une grande cape noire et de chaussons, Joseph Merrick rassemble ses maigres ressources pour rejoindre Londres par la malle Ostende-Douvres. A Ostende, il subit cependant une nouvelle humiliation lorsque le capitaine du bateau le refuse à l'embarquement, avant tout soucieux de ne pas "incommoder" les passagers. Il semble que ce soit *via* Anvers et Harwich que Merrick va rejoindre la gare de Liverpool Street à Londres.

Epuisé, il n'a que la force de présenter à la police, attirée par l'émeute qu'il provoque, la carte remise par Treves lors de sa première visite à l'hôpital. La police s'en va quérir le chirurgien qui réalise alors que l'homme qu'il avait connu deux ans auparavant est brisé et qu'il est à la limite extrême de sa résistance physique et morale. Plus que de son handicap physique ou de la rigueur des épreuves subies, c'est du manque de chaleur humaine que Joseph Merrick souffre le plus.

Treves décide alors de prendre en charge l'Homme-Eléphant et de l'installer dans une chambre individuelle à l'Hôpital de Londres. Cette situation ne peut toutefois se prolonger indéfiniment, en raison du manque de place et d'argent. Les institutions traitant les malades chroniques et incurables refusant de le prendre en charge, Treves finit par convaincre Carr Gomm, le président du comité directeur de l'hôpital, d'écrire une lettre au *Times* pour attirer l'attention de l'opinion publique et réunir les fonds nécessaires à sa garde à l'hôpital, en insistant sur la haute vertu morale de l'Homme-Eléphant. Cette lettre qui eut un impact considérable permit de réunir rapidement l'argent nécessaire.

En décembre 1886, le conseil d'administration de l'hôpital admet à l'unanimité l'Homme-Eléphant comme résident permanent et lui aménage deux pièces isolées. Là, entouré par un personnel hospitalier averti, recevant régulièrement la visite de Treves, Joseph Merrick va progressivement reprendre confiance et se révéler, par delà son apparence physique difforme, intelligent, sensible, curieux. Il aime par ailleurs la lecture et la conversation, bien que sa trompe soit un handicap sérieux pour son élocution, au point que Treves lui-même restait persuadé qu'il se prénommait John! Lors de ses entretiens avec Treves, il exprime sa vive

Le forain et son spectacle, dans le film ELEPHANT MAN *de David Lynch (1980). Considéré par Frederick Treves comme un exploiteur peu scrupuleux, il mérite sans doute une appréciation plus nuancée.*

◆

Le chirurgien Frederick Treves présentant l'Homme-Eléphant à la Société de pathologie de Londres en 1884. Cliché extrait du film ELEPHANT MAN *de David Lynch (1980).*

◆

Autobiographie de Joseph Merrick parue en 1885.

◆

Attributs de l'Homme-Eléphant, qui lui donnaient une silhouette si caractéristique.

◆

Le docteur Frederick Treves doit une part de sa notoriété à son plus célèbre patient. Portrait par Luke Field.

◆

L'aspect physique consécutif à une malformation suscite parfois la comparaison avec certains animaux. L'Homme-Eléphant eut ainsi des prédécesseurs, mais le cas évoqué ici ne relève pas de la même maladie, puisque seule la tête est atteinte. "Enfants anormaux", gravure du XVIIe *siècle.*

◆

affection pour sa mère et dévoile avec fierté la photo qu'il garde d'elle, preuve qu'il est issu d'une famille saine. Ni rancunier, ni aigri, il fait davantage preuve d'une certaine résignation, ce qui peut paraître surprenant. Par ailleurs, ses lectures et les rapports distants qu'il entretient avec le monde réel ont fait de lui un être fantasmatique et romanesque.

Par le biais de la presse, l'Homme-Eléphant devint un objet de curiosité qui animait toutes les conversations. S'il avait été abandonné de tous quelques mois auparavant, il suscitait à présent un intérêt considérable. Il reçut ainsi de nombreuses visites, dont celle de la princesse Alexandra et du prince de Galles (le futur roi Edouard VII). Il devint la coqueluche des bonnes œuvres et Frederick Treves se retrouva à son tour et malgré lui impresario de l'Homme-Eléphant face aux élans philanthropiques d'une société qui cherchait ainsi à soulager sa mauvaise conscience. Cet aspect sociologique est développé dans la pièce de théâtre de Bernard Pomerance.

Au même moment, à Whitechapel, dans les environs immédiats de l'hôpital de Londres, sévissait un véritable monstre, révélateur celui-là de la faillite de l'éthique victorienne : de fin août à début novembre 1888, cinq prostituées sont assassinées par un sadique mégalomane connu sous le surnom de Jack l'Eventreur.

Il serait cependant injuste de considérer que Frederick Treves se soit servi de l'Homme-Eléphant pour sa carrière personnelle. Jamais, de son vivant, il ne fit grande publicité de sa relation avec Merrick, et sut lui offrir une réelle amitié. Merrick avait par ailleurs conquis l'affection d'une grande actrice, Madame Kendal, ardente militante des mouvements de suffragettes, qui avait su surmonter son aversion pour découvrir dans cet être difforme un semblable dans la lutte pour la conquête de la dignité. Madame Kendal lui fera découvrir la musique et la vannerie, lui apportera régulièrement des livres, lui permettra d'assister à une représentation théâtrale à Drury Lane et de faire un long séjour à la campagne. Il émanera désormais de l'Homme-Eléphant une sérénité croissante, malgré la dégradation progressive de son état physique.

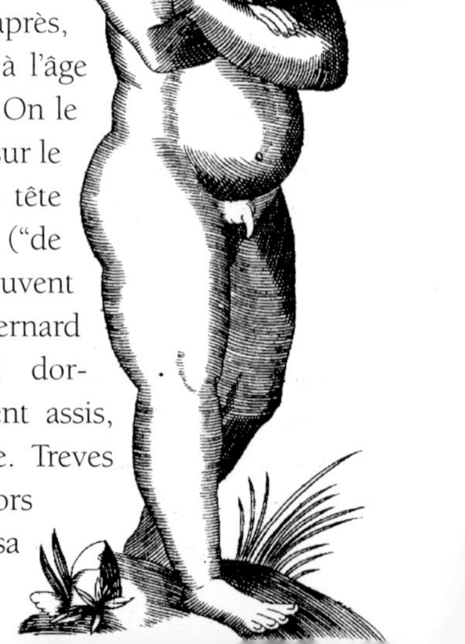

Il mourut peu après, le 11 avril 1890, à l'âge de vingt-sept ans. On le découvrit étendu sur le dos, alors que sa tête était si lourde ("de rêves qui ne peuvent sortir", d'après Bernard Pomerance) qu'il dormait habituellement assis, en position fœtale. Treves avança dès lors comme cause de sa

Joseph Merrick à l'Hôpital de Londres. Ses grandes qualités humaines et intellectuelles se trouvaient pénalisées par la monstruosité de son physique.

mort que le poids de sa tête avait, en position couchée, fait basculer celle-ci en arrière, entraînant une compression trachéale fatale. Il suggéra que Merrick avait peut-être voulu dormir, pour une fois, en position naturelle et qu'il serait donc mort comme il avait vécu, poussé par le désir permanent de vivre comme tout le monde. Le chirurgien cite à ce propos *Le Progrès du pèlerin (1678)*, œuvre allégorique de John Bunyan: "Enfin son fardeau glissa de son épaule et tomba de son dos, et il ne le vit plus."

La maladie de l'Homme-Eléphant

Le diagnostic médical de la maladie dont souffrait Joseph Merrick n'avait pu être donné en 1885 à la Société de pathologie de Londres. Sur le plan clinique, Joseph Merrick présentait trois types de lésions: des lésions cutanées bourgeonnantes, formant en certains endroits des masses volumineuses déformant les tissus mous (joue droite, lèvre supérieure, crâne, bras droit), des masses pendantes formant de vastes poches cutanées (poitrine, dos, fesses) et des protubérances osseuses déformant le crâne, le bras droit et les pieds.

Devant ce tableau clinique, Radcliffe Crocker propose une parenté avec la pachydermie (épaississement cutané avec excroissances) et la dermatolysie (relâchement sous-cutané), avec de surcroît des déformations osseuses. Il suggère qu'une atteinte du système nerveux central est à l'origine de ces lésions et finit par classer le cas de l'Homme-Eléphant dans le chapitre des fibromes de son ouvrage classique sur les maladies de la peau, paru en 1888. Malgré la justesse de ses remarques, Crocker ne fera toutefois pas le rapprochement avec la neurofibromatose, décrite en 1882 à Strasbourg par le pathologiste allemand Friedrich von Recklinghausen, et caractérisée par la prolifération de tumeurs de la gaine des nerfs, les neurofibromes, et la présence de taches pigmentées "café au lait".

Ce n'est qu'en 1909 que le docteur F. Parkes Weber, de l'hôpital allemand de Londres, avec une démarche proche de celle de Joseph Bell, évoquera la maladie de l'Homme-Eléphant comme une forme exacerbée de la neurofibromatose de Von Recklinghausen.

Il s'agit là d'une maladie rare, héréditaire, de transmission autosomique dominante (50 %) ou de survenue spontanée (50 %, soit le plus haut taux de mutation chez l'homme pour une maladie génétique). Dans la majorité des cas, l'affection est discrète, le patient ne présentant que quelques taches café au lait (présentes dans 99 % des cas) et quelques neurofibromes cutanés. Dans certains cas cependant, les lésions peuvent être multiples, de grande taille et affecter une partie quelconque de l'organisme. L'Homme-Eléphant fut dans cette hypothèse le cas le plus extrême de cette affection: il présentait en effet de grands neurofibromes déformants cutanés (pachydermie), sous-

Gravures médicales de Joseph Merrick, d'après la présentation de Treves en 1884. Le diagnostic clinique de ses malformations a été récemment reconsidéré.

◆

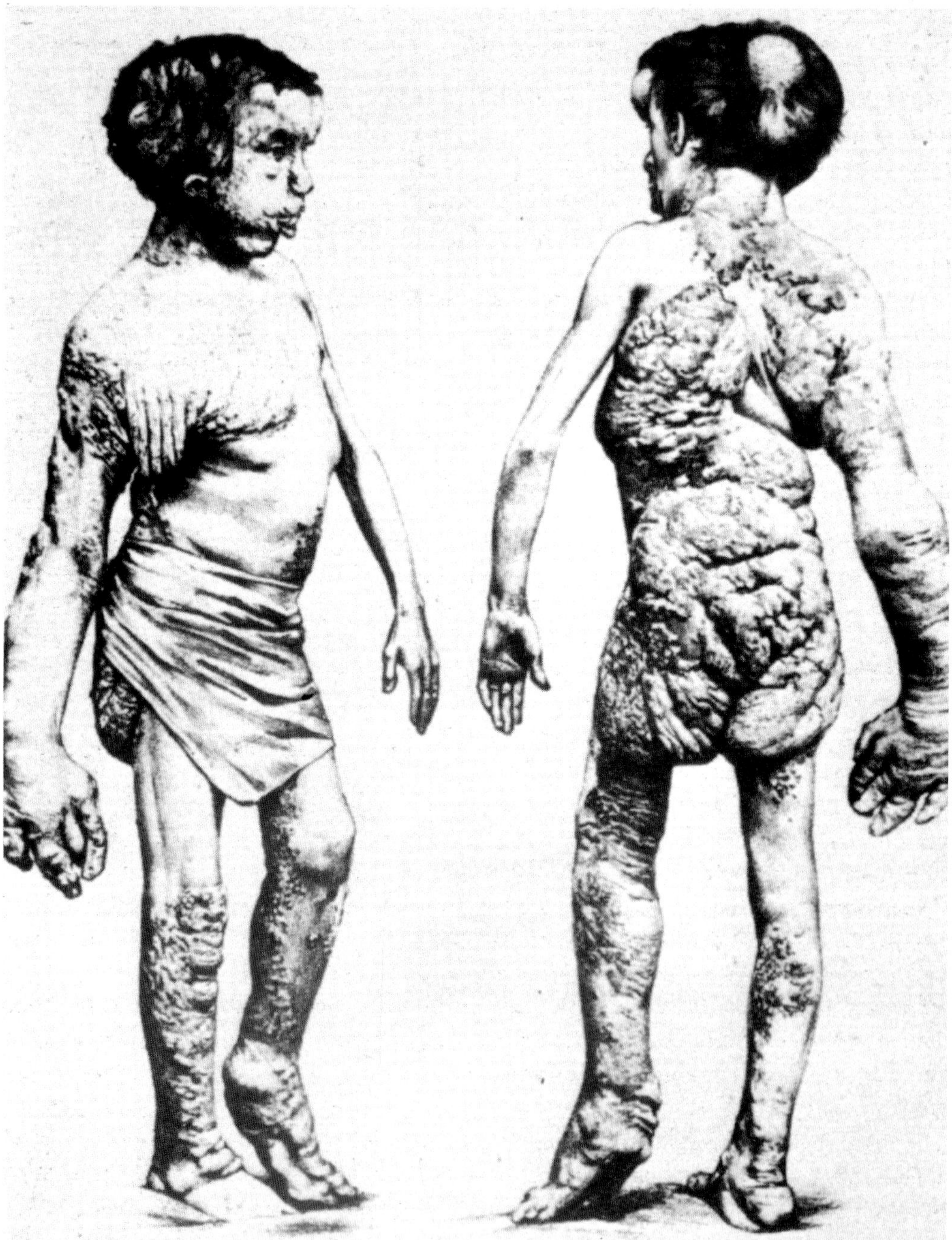

Affiche du film de David Lynch, ELEPHANT MAN (1980), qui a largement contribué à la notoriété de Joseph Merrick. Le scénario est inspiré des souvenirs de Frederick Treves.

◆

cutanés (dermatolysie) et périostés (déformations osseuses).

Le diagnostic de neurofibromatose proposé par F. Parkes Weber en 1909 fut ultérieurement largement accepté dans les milieux médicaux. En 1983 toutefois, H. R. Wiedemann et son équipe décrivent un nouveau syndrome à partir de nombreuses observations ; certains cas avaient cependant été rapportés précédemment (M. M. Cohen Jr et P. W. Hayden, 1979). En raison de la grande variabilité de la symptomatologie de cette affection, il la nomme syndrome Protée, d'après le dieu grec aux apparences multiples.

Ce syndrome comprend un épaississement des tissus cutanés et sous-cutanés avec tumeurs multiples (hamartomes), un gigantisme partiel des mains et des pieds (pieds mocassins) et une hypertrophie asymétrique des membres et du crâne (macrocéphalie) avec épaississement osseux (hyperostose). Cette affection sporadique (survenue spontanée par mutation) était auparavant vraisemblablement confondue avec la neurofibromatose. Elle résulterait d'une mutation létale très précoce, entraînant la mort de l'embryon atteint. La survie ne serait possible que lorsque les cellules porteuses de la mutation côtoient des cellules normales (mosaïque).

En 1986, J. A. R. Tibbles et M. M. Cohen Jr suggèrent que la description clinique de l'Homme-Eléphant correspond davantage à celle du syndrome Protée qu'à celle de la neurofibromatose. L'absence d'histoire familiale et de taches café au lait ainsi qu'une symptomatologie atypique exclurait le diagnostic de neurofibromatose. Par contre, la compatibilité avec le syndrome Protée est bien réelle. L'examen du squelette et des moulages de la tête et des pieds de Joseph Merrick renforce ce diagnostic rétrospectif. "Elémentaire, mon cher Weber!" auraient donc pu dire Tibbles et Cohen Jr.

Il convient *a posteriori* de rendre hommage aux médecins victoriens et notamment à Radcliffe Crocker qui n'avait pas diagnostiqué la neurofibromatose. Ses commentaires précis étaient de fait proches du diagnostic réel. Par ailleurs, nul ne pourrait aujourd'hui proposer meilleur traitement que l'attitude de Treves il y a plus de cent ans.

Le mythe de l'Homme-Eléphant

La curiosité du public pour le destin de l'Homme-Eléphant se serait vraisemblablement estompée et celui-ci aurait été relégué au rang de simple curiosité médicale si Treves n'avait décidé l'année même de sa mort, en 1923, d'en publier l'histoire. Dans un style mélodramatique et imagé, mais non dépourvu de charme, il relate avec une relative précision, entachée seulement de quelques erreurs (il s'obstine à l'appeler John) les événements depuis sa première rencontre avec Joseph Merrick. Il ne dispose visiblement que de peu d'éléments sur le passé de l'Homme-Eléphant, ce qui l'amène

En prenant en charge l'Homme-Eléphant, Frederick Treves a-t-il fait preuve de bonté et de conscience professionnelle ou d'opportunisme carriériste ?
ELEPHANT MAN *de David Lynch (1980)*

◆

à une vision manichéenne, sans nuances. Tous ceux que Merrick a côtoyés avant d'avoir rencontré Treves sont exagérément noircis, à commencer bien sûr par Tom Norman, pour lequel il n'a pas de mots assez durs, mais aussi la mère de Joseph Merrick, qu'il accuse de l'avoir abandonné. Par contre, ceux qui entourent Merrick après son installation à l'hôpital de Londres, à commencer par Treves lui-même, sont dépeints sous un jour très favorable. Le malheur le plus sombre suivi du bonheur le plus serein ?

Trop simple pour être vrai ! On sait maintenant que Merrick a bénéficié jusqu'à l'âge de onze ans de l'amour de sa mère, puis jusqu'à dix-huit ans de l'affection d'un oncle, et que les forains s'en sont occupés à leur façon. Ce qui expliquerait l'absence d'amertume et de signes de carence affective chez Merrick ; il y avait en effet une certaine incompatibilité entre la description du caractère de l'Homme-Eléphant et le récit de son enfance dans le texte de Treves.

Depuis lors, l'intérêt pour l'Homme-Eléphant en tant que phénomène culturel s'est traduit par la publication de nombreux ouvrages et s'est transformé en engouement grâce à une pièce de théâtre du jeune dramaturge britannique Bernard Pomerance : *The Elephant Man*, présentée pour la première fois au festival d'Edimbourg en 1977. Elle connut par la suite un vif succès à Londres et à Brodway, qu'elle devait en grande partie au jeu de scène de David Bowie. L'auteur y présente Joseph Merrick comme un monstre domestiqué exploité par Treves et par la société victorienne. Si le scénario s'appuie sur l'essai de Treves, enrichi d'éléments fictifs, l'interprétation sociologique va souvent au-delà et même à l'encontre de la version du chirurgien. Bien que très personnelle, cette interprétation vraisemblable n'alourdit à aucun moment l'intérêt de l'intrigue ni la subtilité de l'analyse de la relation entre Treves et Merrick.

En 1980, suite à la version théâtrale, le film de David Lynch, qui s'inspire lui aussi des souvenirs de Treves, référence incontournable, a amplifié la notoriété de l'Homme-Eléphant. La sobriété du jeu de John Hurt dans le rôle de Merrick y a certainement contribué et les images en noir et blanc rendent bien l'ambiance générale de cette fin de XIXe siècle victorien, en particulier l'inhumanité du décor urbain industriel et les conditions de vie misérables. L'histoire et la personnalité de Joseph Merrick (nommé ici John, comme dans la pièce, puisque c'est le texte de Treves qui sert de base) sont bien respectées, tout comme celui de sa relation avec Treves (interprété par Anthony Hopkins), évoquée non sans nuances. Par contre, la lettre des événements est fantaisiste, mêlant certains éléments fictifs à une chronologie parfois bousculée, dans le but de maintenir l'intérêt de l'intrigue. Mais qu'importe si la lettre n'est pas respectée, du moment que l'esprit l'est. Il s'agit après tout d'une fiction cinématographique, et non d'une reconstitution documentaire.

Celle-ci, qui faisait jusqu'alors défaut, paraîtra l'année même de la sortie du film. L'auteur, Michael Howell, docteur en médecine, assisté de Peter Ford, écrivain, a minutieusement retracé la vie de l'Homme-Eléphant et de ses principaux interlocuteurs, éclairant en particulier la période mal connue qui précède sa rencontre avec Treves. En interrogeant les descendants des divers protagonistes (y compris le petit-fils du menuisier qui avait construit le fauteuil de l'Homme-Eléphant), en compulsant leurs documents personnels, en passant en revue la documentation de divers musées, archives, bibliothèques (y compris, par exemple, les horaires maritimes et ferroviaires de 1886 !), Howell aboutit au terme d'une enquête complexe, à une reconstitution détaillée.

Le fait divers s'est transformé progressivement en mythe culturel que chacun interprétera en fonction de sa sensibilité personnelle. Ainsi, Tom Norman peut-il être considéré comme un exploiteur de la misère humaine ou comme le pourvoyeur d'une indépendance financière et d'une vie moins austère que celle de l'hospice. Frederick Treves peut être considéré comme un chirurgien opportuniste et ambitieux ayant utilisé l'Homme-Eléphant pour sa réussite personnelle, ou comme un médecin ayant su mettre sa science, son autorité et sa générosité au service d'une noble cause (Treves avait déjà, d'après certains, eu les honneurs de la fiction romanesque de son vivant sous les traits du docteur Percy Trevelyan dans une des enquêtes de Sherlock Holmes : *L'Aventure du pensionnaire en traitement*).

En ce qui concerne Joseph Merrick lui-même, le contraste entre la bestialité de son physique et l'humanité de sa personnalité peut être perçu de façon plus ou moins nuancée et son rôle social être diversement interprété, diversité qui reflète l'opinion de Gaston Bachelard suivant laquelle une notion valorisée est toujours ambivalente.

Comme d'autres "monstres" célèbres, l'Homme-Eléphant, un fait divers du XIXe siècle devenu mythe au XXe siècle, reste un inépuisable sujet de réflexion.
ELEPHANT MAN de David Lynch (1980).

◆

The portraict of RICHARD the 3. King of England, and Fraunce,
Lord of Ireland. He was slaine at Boswoorth feild. the 22th of August.
1486. and homelye buried at the Graye friers Church in Leicester. when he
had usurped 2 yeares 2 monthes and one day

Are to be sold by Compton Holland over against the Exchange.

CHAPITRE DEUX

Richard III

Richard III (1452-1485), qui occupa le trone d'Angleterre de 1483 à 1485, est un personnage dont la monstruosité reste très controversée.

◆

De la guerre de Cent Ans à la guerre des Deux-Roses

Si le destin de l'Homme-Eléphant est édifiant, celui d'un autre monstre dermatologique, le roi Richard III d'Angleterre, est particulièrement complexe, au point qu'il a fallu d'une part l'association d'un médecin (R.A.C. Mc Intoch) et d'un auteur de romans policiers (Catherine Aird) pour en clarifier le volet médical (1978), et d'autre part les contributions d'un second écrivain policier (Josephine Tey, 1951) et d'un historien (Paul Murray Kendall, 1955) pour en clarifier le volet historique. Ces enquêtes, en particulier celle de Murray Kendall, sont des modèles de reconstitution objective et minutieuse, illustrant la remarquable évolution de ce type de démarche depuis le début du siècle.

La vie de Richard III a pour toile de fond l'un des épisodes les plus troubles de l'histoire d'Angleterre, la guerre des Deux-Roses, conflit de succession complexe qui trouve ses prémisses dans la guerre de Cent Ans.

A la fin du XIVe siècle meurt Edouard III qui, en revendiquant le trône de France et en désirant soustraire les territoires anglais de France à la suzeraineté française, déclenche la guerre de Cent Ans.

Son fils aîné, le Prince Noir, étant décédé, c'est le fils de celui-ci qui succède à Edouard III sous le nom de Richard II. Ce dernier sera cependant dépossédé de son trône puis exécuté par le fils du duc de Lancastre, troisième fils survivant d'Edouard III, qui devient roi sous le nom d'Henri IV, usurpant ainsi les droits d'Edmond Mortimer, descendant du duc de Clarence, deuxième fils survivant d'Edouard III, et donc héritier légitime après la mort de Richard II (voir arbre généalogique p.32).

Les Lancastre, qui se trouvaient ainsi illégitimement sur le trône d'Angleterre, tentèrent de faire oublier leur usurpation en relançant la guerre de Cent Ans. Henri V, fils d'Henri IV, se met en valeur par de nouvelles expéditions (bataille d'Azincourt). Mais Henri VI, fils d'Henri V, roi dès le berceau, n'a pas la pugnacité de son père. Marié à Marguerite d'Anjou, la nièce de Louis XI, et aux prises avec une armée française fustigée par Jeanne d'Arc, il perd la quasi-totalité des territoires anglais de France.

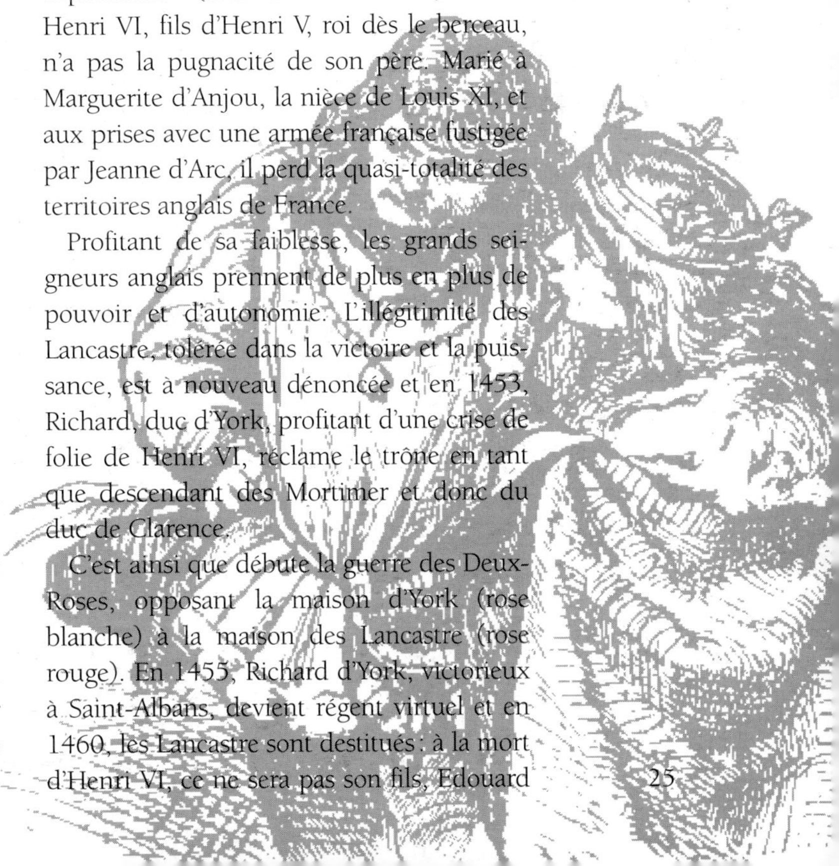

Profitant de sa faiblesse, les grands seigneurs anglais prennent de plus en plus de pouvoir et d'autonomie. L'illégitimité des Lancastre, tolérée dans la victoire et la puissance, est à nouveau dénoncée et en 1453, Richard, duc d'York, profitant d'une crise de folie de Henri VI, réclame le trône en tant que descendant des Mortimer et donc du duc de Clarence.

C'est ainsi que débute la guerre des Deux-Roses, opposant la maison d'York (rose blanche) à la maison des Lancastre (rose rouge). En 1455, Richard d'York, victorieux à Saint-Albans, devient régent virtuel et en 1460, les Lancastre sont destitués : à la mort d'Henri VI, ce ne sera pas son fils, Edouard

Henri VI Lancastre occupait illégitimement le trône d'Angleterre selon Richard d'York, qui l'en chassa en 1461. Gravure d'époque par G. Vertue.

◆

A la mort d'Edouard IV d'York, en 1483, la régence revint à son frère, Richard de Gloucester. Gravure par R. Elsiracks.

◆

Dans la période trouble de la guerre des Deux-Roses, Richard Neville, conte de Warwick, surnommé "le Faiseur de rois", choisissait son camp avec un inégalable opportunisme. Il est représenté ici victorieux aux côtés des York à la bataille de Towton Moor (1461). Après s'être rallié aux Lancastre, il périt dans leurs rangs à Barnet en 1471. Gravure d'Holloway d'après Tresham, 1795.

◆

de Lancastre, qui deviendra roi, mais le fils aîné de Richard d'York, Edouard d'York. La reine Marguerite d'Anjou, autrement énergique que son mari pour défendre les droits de son fils, lève une armée qui sera victorieuse des York à la bataille de Wakefield, à l'issue de laquelle Richard d'York est exécuté. Ce n'est cependant que partie remise car deux des fils de Richard d'York, Edouard d'York et Richard de Gloucester, avec l'aide du comte de Warwick, grand seigneur puissant et riche, battront les Lancastre en 1461 à Towton Moor.

Edouard d'York devient alors le roi Edouard IV, Henri VI est enfermé à la tour de Londres et Marguerite d'Anjou se réfugie en France avec son fils. Mais Edouard commet l'erreur d'épouser Elisabeth Woodville contre la volonté de Warwick, bien qu'il fût fiancé à la belle-sœur de Louis XI. Warwick se met alors au service des Lancastre : peu lui importe le camp, pourvu qu'il y exerce son influence. Henri VI remonte sur le trône en 1470, mais en 1471, avec l'aide de Charles le Téméraire, les Yorks battent Warwick, « le Faiseur de rois », à Barnet et Marguerite d'Anjou à Tewkesbury où Edouard Lancastre trouve la mort. Henri VI, le roi fantoche, est exécuté et Edouard remonte sur le trône jusqu'à son décès, en 1483. Son fils aîné étant trop jeune, c'est son frère, Richard de Gloucester, qui devient régent.

Richard III, monstre moral

Richard de Gloucester est dévoré d'ambition et, non content de s'être débarrassé d'Henri VI, il fait emprisonner, puis assassiner les enfants de son frère Edouard afin de s'emparer du trône. Son court règne sera une longue série d'assassinats et de fourberies révélatrices de la cruauté et de l'hypocrisie de celui qui était devenu le roi Richard III. Il avait séduit et épousé Anne Neville après avoir tué son père, le comte de Warwick, et son mari, Edouard de Lancastre. Il fit ensuite assassiner son frère, le duc de Clarence, allié de Warwick, Lord Hastings, fidèle aux enfants d'Edouard, et le duc de Buckingham, qui avait refusé d'exécuter ceux-ci.

Il n'épargnera pas plus sa femme Anne Neville qu'il fit empoisonner pour épouser Elisabeth, sa propre nièce, et poussa le cynisme jusqu'à lui demander sa main après avoir fait assassiner ses frères, les deux jeunes enfants d'Edouard. On dit même qu'il se fit apporter la tête de Lord Hastings à son souper et conter le meurtre des petits princes au dessert.

Mais ce règne machiavélique ne durera pas. En 1485, Richard III est battu et tué à la bataille de Bosworth par Henri Tudor, comte de Richmond, apparenté aux Lancastre, qui devient le roi Henri VII et inaugure le règne des Tudor. En épousant Elisabeth d'York, la fille d'Edouard, il met fin à la guerre des Deux-Roses. Tout cela au plus grand soulage-

THE RESOLUTE CONDUCT OF THE E. OF WARWIC
PREVIOUS TO THE BATTLE OF TOUTON.

KING RICHARD III.—page 125.

Richard III est décrit par Shakespeare comme un personnage cruel et malformé. Gravure extraite des Œuvres complètes *de Shakespeare.*

◆

Les Enfants d'Edouard *par Paul Delaroche (1797-1856), peinture représentant Edouard V et Richard duc d'York. Leur assassinat fut le plus marquant de tous les méfaits dont leur oncle Richard III était accusé.*

◆

ment du peuple anglais, heureux de se débarrasser d'un tyran et de mettre un terme à une longue guerre civile. Tel est donc le destin de Richard III si l'on se réfère à *L'Histoire de Richard III* de Thomas More (1513) ainsi qu'à *Henri VI* (1595), suivi de *Richard III* (1597), deux tragédies de William Shakespeare.

Richard III, monstre physique

Si Richard III apparaît comme un monstre moral dans les tragédies de Shakespeare, il y est également dépeint sous les traits d'un monstre physique. Il est bossu, signe de méchanceté, a un visage épais et l'épaule gauche plus haute que la droite. Il souffre de plus d'un nanisme disharmonieux et de malformations des membres : "L'amour m'a renié dès le sein de ma mère et (...) a corrompu la fragile nature afin qu'elle raccourcît mon bras comme un arbuste desséché, afin qu'elle plante sur mon dos une odieuse montagne où la difformité siège et se moque de mon corps, afin qu'elle façonne mes jambes d'inégale longueur, afin qu'elle me rende disproportionné dans toutes mes parties, semblable à un chaos (...) jusqu'à mon tronc malformé qui porte cette tête..." (*Henri VI*, 3, III, 2); "Mon épaule n'a été faite si épaisse que pour soulever" (*Henri VI*, 3, V, 7).

De surcroît, il vient au monde prématurément, après un accouchement difficile, les pieds en avant comme Néron, et il est pourvu de dents à la naissance, deux signes considérés à l'époque comme de mauvais augure : « J'ai souvent entendu moi-même dire que je suis venu au monde avec les jambes en avant (...). L'accoucheuse fut surprise et les femmes crièrent "Jésus nous bénisse, il est né avec des dents !" Ainsi fut-il, ce qui signifiait clairement que je devais grogner et mordre, comme un chien. Alors, puisque les cieux ont ainsi façonné mon corps, que l'enfer déforme mon âme en réponse » (*Henri VI*, 3, V, 6). Shakespeare associe ici nettement la monstruosité de caractère à la monstruosité physique.

D'après Catherine Aird, écrivain de romans policiers, et R. A. C. Mc Intosh, médecin, ce portrait est compatible avec le tableau clinique d'une maladie génétique rare, le syndrome d'Ellis Van Creveld ou chondrodysplasie ectodermique.

Cette affection se caractérise par des malformations des ongles, des cheveux et des dents, avec dents à la naissance (dysplasie ectodermique), un nanisme disharmonieux avec membres courts (chondrodysplasie), des malformations de la mâchoire, du thorax avec bosse (cyphoscoliose), des membres avec genoux cagneux (*genu valgum*) et des extrémités (pieds et mains massifs, déformés, avec parfois pied bot).

Le syndrome d'Ellis Van Creveld se transmet selon le mode autosomique récessif. Or Richard III était, d'après Shakespeare, atteint congénitalement et était issu d'un contexte consanguin, ses parents étant tous deux descendants directs d'Edouard III. A noter que certains auteurs (Edward Hook) ont, tout

Thomas More fut l'un des premiers auteurs à dépeindre Richard III sous les traits d'un monstre physique et moral, vraisemblablement dans le but de le discréditer et de justifier la présence illégitime des Tudor sur le trône d'Angleterre.

◆

En imposant avec force l'image monstrueuse de Richard III issue de la tradition Tudor, Shakespeare se montre en contradiction avec la vision humaniste des malformations qu'il avait par ailleurs exprimée sans ambiguïté. Gravure du dramaturge par Martin Dreshout.

◆

comme pour l'Homme-Eléphant, évoqué une neurofibromatose. Cette hypothèse est actuellement abandonnée.

Le révisionnisme historique et la réalité

Mais Richard III était-il réellement le monstre dépeint par Shakespeare et Thomas More ? Cette version des faits qui vient d'être présentée et qui est encore largement diffusée de nos jours avait déjà été contestée au XVIIIe siècle par l'écrivain et politicien Horace Walpole (1760), père du roman gothique anglais (*Le Château d'Otrante*, 1764) et ensuite par divers historiens. Elle a récemment été totalement remise en question par l'historien Paul Murray Kendall dans une étude très fouillée réutilisant de nombreuses sources contemporaines des événements, parmi lesquelles *La Chronique de l'abbaye de Croyland* et les écrits d'un voyageur italien, Domenico Mancini. D'autres études récentes (A. Hanham, C. Ross, J. Potter, R. Drewett) vont dans le même sens que celle de Kendall. Celui-ci constate très justement que Shakespeare écrivait sous le règne d'Elisabeth Ière Tudor. Il s'était inspiré de chroniqueurs au service des souverains Tudor et qui œuvraient pour la légitimation de ceux-ci : Thomas More, Polydore Vergil et Edward Hall (Henri VIII), mais surtout Raphael Holinshed (Elisabeth Ière). Ainsi, le souvenir de Richard III tel qu'il était de son vivant fut remplacé par le portrait qu'en brossèrent les historiens Tudor : celui d'un monstre aux griffes duquel le roi Henri avait heureusement arraché l'Angleterre.

Que les Tudor aient cherché à asseoir leur légitimité sur la désinformation n'a rien d'étonnant, vu leur origine doublement bâtarde. La mère d'Henri VII, Marguerite Beaufort, était la petite fille d'un bâtard, demi-frère naturel d'Henri IV légitimé ultérieurement. Le père d'Henri VII, Edmond Tudor, comte de Richmond, était le demi-frère naturel d'Henri VI, et ne dut sa reconnaissance qu'à la faiblesse du roi fantoche. Apparentés aux Lancastre, la branche illégitime, par une double bâtardise, les Tudor ne pouvaient justifier leur présence sur le trône qu'en accablant le roi dépossédé.

A la fin du Moyen Age et à la Renaissance, les malformations congénitales étaient considérées comme un signe de mauvais augure, croyances remontant à l'Antiquité ; et même, dans certains cas, comme une manifestation diabolique, expiatoire du péché ou un signe de sorcellerie, dans le cadre de la tradition judéo-chrétienne. C'est pourquoi, à la fin du *Songe d'une nuit d'été* (VI, 2) de Shakespeare, Oberon souhaite aux futurs mariés que leur progéniture soit épargnée par les marques maléfiques de la nature et "qu'aucune tumeur cutanée (mole), bec-de-lièvre ni cicatrice ne s'abatte sur leurs enfants." Shakespeare évoque ailleurs la persistance de la croyance qui considère les marques de naissance comme des erreurs de la nature indiquant des erreurs de caractère : "Si (...) tu

étais vilain, laid et calomnieux pour le sein de ta mère, plein de taches déplaisantes et de marques hideuses, boiteux, idiot, difforme, noiraud, monstrueux, couvert de tumeurs cutanées (moles) hideuses et de signes offensants pour l'œil (...) alors je ne t'aimerais pas, non, et toi tu ne serais pas digne de ta naissance et tu ne mériterais pas une couronne" (*Le Roi Jean*, III, 1). Il ne semble cependant pas approuver cette croyance : "Ainsi, souvent, il arrive que des individus, parce qu'ils ont en eux quelque mauvais signe naturel — dont ils ne sont pas coupables, puisque la nature ne peut choisir son origine — (...) leurs autres vertus, fussent-elles aussi pures que la grâce, aussi infinies que l'homme les peut contenir, prendront dans le jugement d'ensemble la corruption de ce défaut particulier" (*Hamlet*, I, 4).

En vertu de cette métaphore suivant laquelle le physique est en harmonie avec le moral, Shakespeare et Thomas More, s'inspirant vraisemblablement de l'aspect d'un contemporain atteint du syndrome d'Ellis Van Creveld, font de Richard III un monstre déformé et bossu, un esprit malsain dans un corps malsain : "Puisque les cieux ont ainsi façonné mon corps, que l'enfer déforme mon âme en réponse" (*Henri VI*, 3, V, 6). Shakespeare est donc ici en totale contradiction avec une vision humanitaire des malformations congénitales qu'il a maintes fois exprimée : "Les malformations découvertes à la naissance des hommes sont les fautes de la nature, non leur propre infamie" (*Le Viol de Lucrèce*) ; ou encore : "Dans la nature, il n'y a de laideur que celle de l'âme ; nul ne peut être appelé difforme que le méchant" (*La Nuit des rois*, III, 4). Cette contradiction flagrante chez un écrivain aussi clairvoyant que Shakespeare suggère que celui-ci a rédigé *Richard III* "sous influence".

Kendall décrit cependant Richard comme un être normalement constitué, indemne de toute malformation physique, à l'exception d'un développement musculaire plus important du membre supérieur droit dû à l'usage intensif des armes. Cette description est confirmée par des témoignages de contemporains et par certains portraits d'époque de Richard, montrant un visage aux traits harmonieux, mais fortement marqués. D'autres par contre, ont été visiblement retouchés ultérieurement (ajout d'une bosse, par exemple).

Sur le plan moral, selon Kendall, Richard était un puritain, "désireux de détourner ses compatriotes des défauts de son époque — la débauche, l'arrogance, la malhonnêteté, le blasphème et la cupidité".

Dans le but de s'endurcir pour servir efficacement Edouard IV, il se replia sur lui-même et perdit la chaleur qui lui eut permis, comme à son frère, de communiquer sans peine avec le monde. "Aux yeux d'autrui, pour admirable qu'il fut, l'austère paysage de son esprit, modelé par la volonté, en devint rébarbatif et intimidant. Et quelques résultats qu'ils lui permissent d'atteindre, son sérieux, son application, sa parfaite maîtrise

D'après Paul Murray Kendall, Richard III ne peut être tenu pour responsable de l'assassinat des enfants de son frère Edouard. Il aurait au contraire veillé à leur entretien et à celui de leur mère. Lithographie d'Oscar Morvillers représentant le futur Richard III avec ses neveux, Edouard V et le duc d'York, peu avant leur assassinat (1483).

◆

Contrairement à ceux de l'époque Tudor, le portrait officiel contemporain du règne de Richard III ne montre aucune malformation physique.

◆

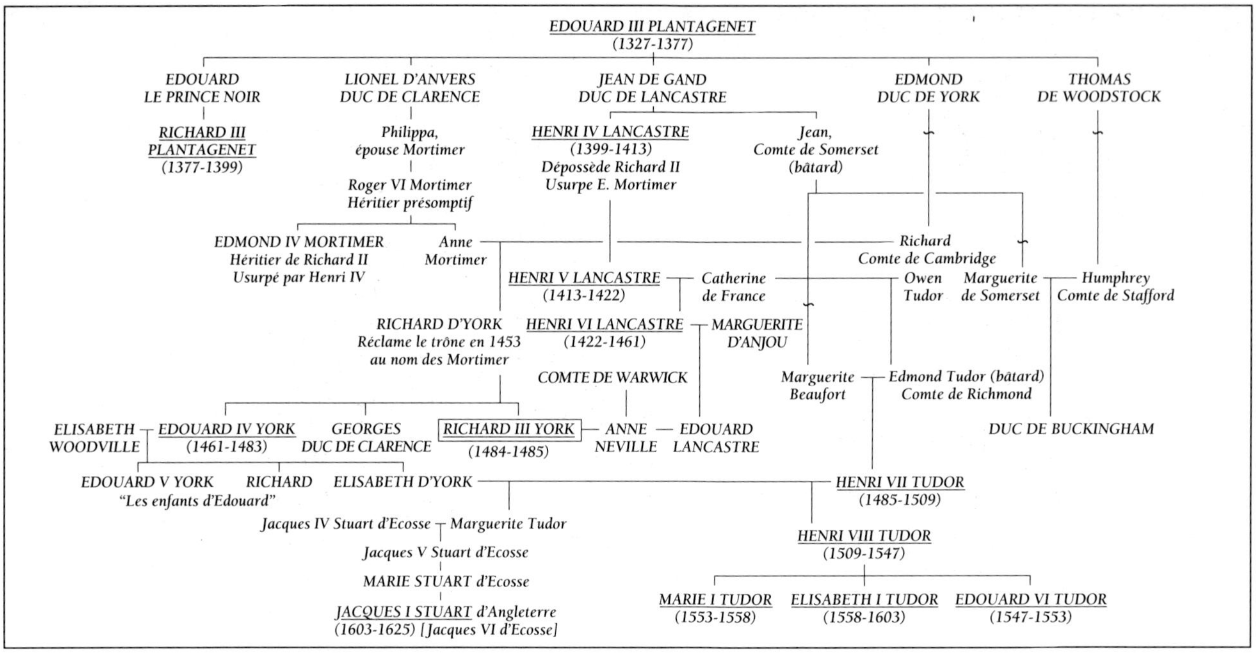

Arbre généalogique des dynasties anglaises du XIVe au XVIe siècle.

◆

de soi n'allaient pas sans susciter un certain malaise". Il était néanmoins appliqué, accessible, concerné. Extrêmement sensible aux devoirs qu'il s'était imposé envers ses sujets, il était aussi très vulnérable aux attaques de sa conscience.

Le portrait brossé par Kendall, tout en nuances, contraste avec le personnage fourbe, cruel, machiavélique, hypocrite et ambitieux dépeint par les historiens Tudor. Il tente ainsi de reconstituer une image plausible de Richard, plutôt que la vision manichéenne qui partageait jusqu'alors les historiens en partisans et détracteurs.

Dans l'étude de Kendall, diverses sources, particulièrement celles indépendantes de la tradition Tudor, montrent que Shakespeare a modifié certains événements, soit sous l'influence Tudor, soit pour leur conférer une plus grande densité dramatique. La longue liste des méfaits attribués à Richard III se réduit ainsi considérablement. Warwick est mort à la bataille de Barnet et Edouard Lancastre à celle de Tewkesbury. Edouard IV aurait lui-même ordonné l'exécution de son frère, le duc de Clarence, qui avait participé à la trahison de Warwick. Hastings a été exécuté pour conspiration. L'empoisonnement d'Anne Neville et la séduction d'Elisabeth York semblent sortis droit de l'imagination de Shakespeare. Imaginaires aussi les soupers agrémentés de la tête de Lord Hastings et du récit du meurtre des petits princes...

Les prétentions de Richard III au trône s'appuyaient légalement sur une déclaration que lui fit l'évêque de Bath et Wells selon laquelle les enfants d'Edouard IV étaient illégitimes du fait que lors de son mariage avec Elisabeth Woodville, le roi était déjà fiancé. Pour l'Eglise, les fiançailles constituaient alors un engagement légal et une obligation sacrée.

En ce qui concerne l'assassinat des enfants d'Edouard, Shakespeare en rend Richard III responsable et il innocente le duc de Buckingham. Kendall soutient la thèse inverse. Selon lui, Buckingham, qui convoitait le trône, est responsable de l'assassinat : "Le duc encouragea le roi Richard à usurper le trône en commettant à cette fin tant de méfaits qu'ensuite, haï à la fois de Dieu et des hommes, il put en être chassé, et que lui-même fut appelé par les communes à cette dignité à laquelle il aspirait de tout son être, et pour laquelle il finit par se décider à entrer en guerre contre Richard."

Le complot sera déjoué et Buckingham exécuté pour trahison. Kendall voit cette hypothèse confortée par l'accord passé en 1484 entre Richard et Elisabeth Woodville, veuve d'Edouard, pour l'entretien de cette dernière et de ses enfants.

Dans son roman *La Fille du temps*, l'écrivain policier Josephine Tey (pseudonyme d'Elizabeth MacKintosh) va plus loin. Pour elle, le coupable de l'assassinat des princes, qui aurait eu lieu en 1487, deux ans après la mort de Richard III, est Henri VII Tudor, qui éliminait ainsi les derniers héritiers légitimes du trône. L'enquête historique est menée par

l'inspecteur Alan Grant, de Scotland Yard, personnage principal des romans policiers de Josephine Tey. Alors qu'il essaye de tuer le temps comme il peut durant une convalescence, Grant se passionne pour l'affaire Richard III et tente de prouver l'innocence de celui-ci avec l'aide d'un jeune étudiant et du British Museum. Brillant exemple de ce qu'aurait pu être une enquête culturelle menée par Sherlock Holmes, ce roman est devenu, comme le prédisait le grand critique Anthony Boucher, un classique de la littérature policière et un modèle du genre.

Le roi déchu sera-t-il réhabilité ?

Si la raison optera vraisemblablement pour la version présentée par Murray Kendall, le charisme de Thomas More et le génie de Shakespeare concourront vraisemblablement à perpétuer le terrible portrait de Richard III.

Sa réhabilitation a toutes les chances d'être entravée par le phénomène que les Anglais appellent le sophisme du crieur public (*The Bellman's fallacy*), personnage de *La Chasse au Snark* de Lewis Caroll (*Alice au pays des merveilles*) qui répète : "Ce que je dis trois fois est la vérité", ce qui signifie que des faits présentés successivement siècle après siècle finissent par s'imposer ; cette notion se retrouve dans le proverbe qui donne son titre au roman de Josephine Tey : "La vérité est la fille du temps".

Paul Valéry, quant à lui, remarquait que ce qui a été considéré comme étant vrai par tous, toujours et partout, ne l'est probablement pas. En attendant, la maladie de Richard III dans l'œuvre de Shakespeare reste un exemple unique de maladie génétique servant d'instrument de propagande politique.

La guerre des Deux-Roses opposa au XVe siècle deux branches rivales de la famille royale anglaise, la maison d'York et celle des Lancastre. Gravures de Landseer, d'après Smirke (1798) pour les York et Loutherbourg (1799) pour les Lancastre.

◆

loups-garous

Hommes et loups

De tous les animaux sauvages, le loup est certainement parmi ceux qui ont le plus marqué notre civilisation. On le retrouve dans nombre de toponymes, expressions, proverbes, chansons, historiettes qui attestent sa persistance dans la mémoire collective. Cette persistance résulte de l'ambivalence des sentiments inspirés par le loup : haine et crainte mais également respect et considération. Son histoire naturelle et culturelle ainsi que ses rapports complexes avec la société humaine ont été retracés par Robert Delort.

Pour les anciens peuples chasseurs, le loup n'était qu'un prédateur concurrent pour un même gibier. Mais les premiers éleveurs considérèrent les attaques du bétail comme une atteinte à leur propriété. Dès lors, le loup devint pour les pasteurs indo-européens le *varka*, le ravisseur, le voleur, l'animal méchant et nuisible. Les sociétés pastorales s'organisèrent pour s'en protéger grâce à des chiens, des armes, des pièges mais aussi par la prière et les incantations aux divinités.

La perception ambivalente du loup transparaît à travers ses diverses valeurs symboliques dans l'Antiquité : associé à la guerre et à la destruction avec Mars, à la mort et aux enfers avec Hadès mais aussi à la protection et à l'apport d'énergie avec la louve romaine.

Ainsi, à l'inverse de la crainte liée à la haine dans les sociétés pastorales, une crainte associée au respect se manifesta dans de nombreux groupes, principalement chez les chasseurs, parmi les peuples indo européens, grecs, romains, mais surtout gaulois, germains et scandinaves. Le loup fut vénéré comme animal totémique, protecteur du groupe, de la tribu. Ainsi apparurent les fils ou les frères du loup et les guerriers-loups qui revêtaient une peau de loup pour s'imprégner des qualités de force, de courage, d'organisation collective et d'endurance de leur animal fétiche.

Certaines de ces sociétés auraient évolué en confréries secrètes d'adorateurs qui se seraient adonnés aux agressions sauvages, aux meurtres violents, aux sacrifices humains, voire à l'anthropophagie rituelle. Ceci a sans doute largement contribué à l'image du loup-garou telle qu'elle sera rapportée dans les traditions folkloriques et dans les textes démonologiques de la Renaissance. Par ailleurs, la vision défavorable du loup dans les sociétés pastorales se renforça au début du Christianisme par une valeur métaphorique péjorative qui se retrouvait dans la Bible, où le *varka* indo-européen, le loup ravisseur et dévoreur, était l'incarnation du Mal.

Le loup était alors considéré comme une créature diabolique, prédateur de l'agneau chrétien, adversaire du pasteur qui veille sur ses troupeaux. Associé au péché, aux cultes païens et à la sauvagerie de la nature, le loup était l'ennemi juré du monde pastoral, domestique et chrétien dont le chien était le

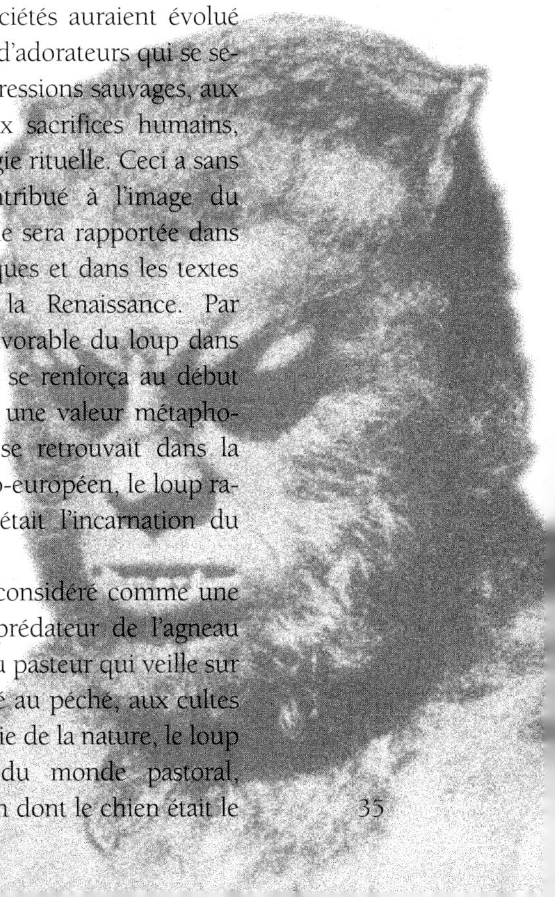

"Le Loup-garou", dessin de Jean-Michel Nicollet pour L'INTÉGRALE HARRY DICKSON, de Jean Ray.

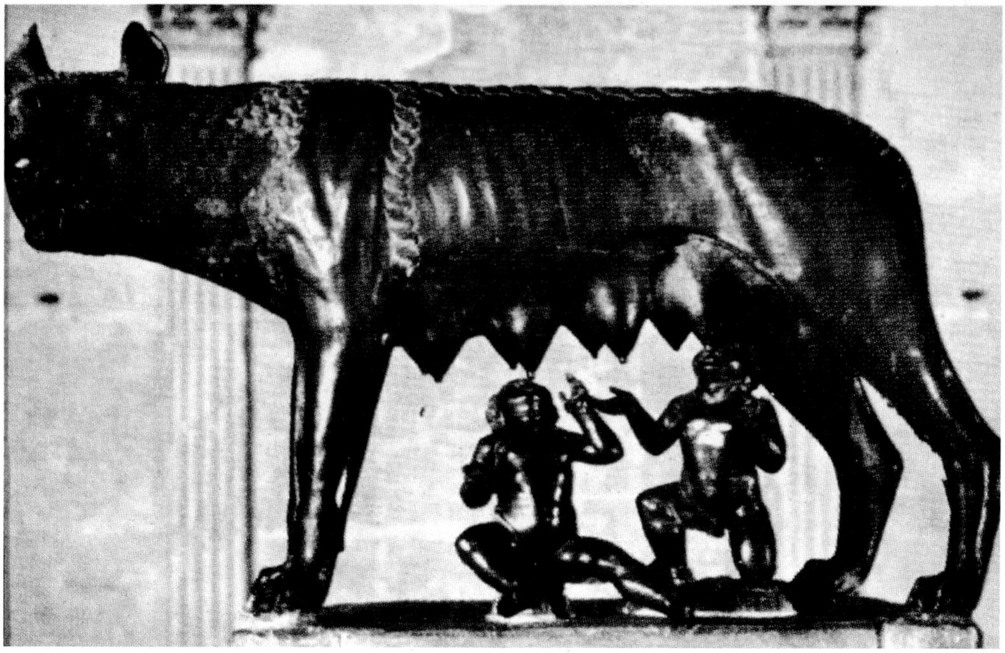

La louve du Capitole nourrissant Romulus et Remus. L'image du loup dans l'Antiquité ne fut pas toujours chargée de malveillance.

◆

D'ordinaire, les loups ne s'attaquent pas à l'homme, mais au début du Moyen Age, la raréfaction de l'espèce sauvage poussa parfois des meutes de loups affamés à se risquer dans les régions habitées, suscitant la panique des populations. Bois gravé, Allemagne, 1556.

◆

protecteur. Dans ce contexte, le loup-garou représentait l'homme qui se laissait entraîner par ses instincts les plus bestiaux, marquant sa préférence pour les pouvoirs matériels plutôt que spirituels, pour la vie sauvage plutôt que sociale. Les caractéristiques du loup étant censées résulter d'un pacte diabolique, le loup-garou fut poursuivi à la Renaissance en tant que sorcier et suppôt de Satan.

Outre la nature diabolique du loup, les heurts de plus en plus fréquents liés à la diminution de l'espace sauvage, l'intensification de la culture et de l'élevage et la multiplication des champs de bataille furent à l'origine des premières grandes chasses aux loups, dès l'époque burgonde puis mérovingienne.

Charlemagne organisa ces chasses en créant les louvèteries territoriales. Les chasses s'intensifièrent au gré des invasions d'origine eurasiatique, des épidémies de rage et sous l'effet d'événements ponctuels comme l'affaire de la bête du Gévaudan ou lors de la Révolution française, qui permit aux paysans de s'armer. Au XIXe siècle, la densification démographique des campagnes, puis la recrudescence des chasses après les découvertes de Pasteur, eurent pour conséquence une considérable raréfaction du loup en France. Le renouvellement à partir du vaste réservoir eurasiatique se faisant plus difficilement, les isolâts régionaux s'éteignirent. Les loups sont de ce fait devenus très rares de nos jours en Europe occidentale, confinés à quelques zones montagneuses et cette raréfaction a influencé l'image culturelle du loup.

Au Moyen Age, la peur du loup était conjurée par de nombreux textes, histoires et chansons où il était ridiculisé sous les traits d'une créature félonne, lâche, gloutonne et stupide, dont le prototype est Isengrin dans *Le Roman de Renart*. Par la suite, les fables de La Fontaine, les contes de Perrault, les histoires d'Alphonse Daudet contribuèrent à diffuser l'image du loup fort, rusé et cruel, de surcroît suborneur et fourbe, dont on se sert comme épouvantail pour menacer les enfants. Mais au XXe siècle, à mesure que la réalité du danger s'estompe, la crainte se tempère de sentiments plus positifs comme le respect ou la considération.

L'image de la louve romaine protectrice réapparaît dans *Le Livre de la Jungle*. Mais c'est surtout la zoologie qui réhabilite le loup en en donnant une description nuancée contrastant avec la connaissance superficielle et subjective qui prévalait jusqu'il y a peu.

Etymologie et origines du loup-garou

Les termes français "loup-garou" et germanique "*Werwolf*" désignent une personne qui a la faculté de se transformer en loup et signifient homme-loup, le latin *vir* (homme ; sanscrit *vira*) donnant d'une part le germain *wer*, d'autre part le francique *wari*, devenant *warou* puis *garou* en français. Pour certains, le terme "garou" signifierait lui-même déjà homme-loup, provenant du francique *wari-wulf*, devenant *waroul* puis *garoul* (*garwall* en Saxon). Dans cette interprétation, les termes *leu garoul* puis *loup-garou* seraient des pléonasmes.

Le terme "lycanthrope" est un synonyme issu du grec *lukanthrôpos* (loup-homme). Mais le terme "lycanthropie" prend parfois un sens psychiatrique plus restrictif en désignant une maladie mentale où le patient se prend pour un loup.

Le loup-garou trouve ses origines dans l'Antiquité et n'est à ses débuts qu'un des nombreux avatars de la métamorphose des dieux. Diodore de Sicile rapporte que déjà dans l'Egypte ancienne, le dieu Osiris était revenu des enfers sous forme d'un loup pour aider sa femme Isis et son fils Horus dans leur lutte contre Typhon.

Dans la Bible, le livre de Daniel raconte les mésaventures du roi Nabuchodonosor de Babylone, transformé en bœuf et amené à brouter durant sept ans. Dans *L'Odyssée* d'Homère, les compagnons d'Ulysse sont transformés en pourceaux par la magicienne Circé. Apulée, dans *L'Âne d'or* décrit les étranges pouvoirs de la servante d'auberge, Meroë, qui avait la faculté de transformer les hommes en animaux. Il reprend aussi une anecdote de Lucius de Patras, également mentionnée par Lucien de Samosate, contant les déboires de Lucius qui avait été transformé en âne en se trompant d'onguent magique et avait repris sa forme humaine en mangeant des roses.

Mais ce sont *Les Métamorphoses* d'Ovide qui reprennent le plus grand nombre d'histoires de transformations animales. Les dieux de l'Olympe les pratiquaient par punition, amusement, jalousie ou séduction. Zeus-Jupiter en était particulièrement friand et, pour mieux approcher les jeunes filles, il prenait l'apparence d'un aigle, d'un cygne, d'un serpent ou encore d'un taureau. Dans le même but, et pour ne pas attirer les foudres de son épouse Héra-Junon, il transforma la prêtresse Io en génisse. Las, Héra n'était pas toujours dupe et se vengea en attachant un taon aux flancs

Le loup et l'agneau, gravure de Gustave Doré pour LES FABLES *de La Fontaine. Ennemi de l'agneau chrétien et du monde pastoral, le loup est souvent présenté en littérature comme un animal cruel et fourbe.*

◆

La peur du loup a survécu à la raréfaction de l'espèce. Elle repose avant tout sur un héritage culturel millénaire. Imagerie du début du XIXe siècle évoquant la "Bête de Tendu Masnay".

◆

Lycaon transformé en loup par Jupiter, alors qu'il s'apprête à assassiner ce dernier durant son sommeil. Sans doute le premier exemple mythologique et l'ancêtre des loups-garous européens. Gravure du XVIe siècle.

◆

Nabuchodonosor transformé en bœuf n'est qu'un des nombreux exemples antiques de métamorphoses animales.

◆

Niceros assiste avec stupeur à la transformation de son compagnon de route en loup. Cette anecdote du SATIRICON de Pétrone est une des premières mentions de loup-garou dans la littérature. Illustration de Norman Lindsay.

◆

d'Io et, lors d'une autre fugue de son époux, en transformant la nymphe Callisto en ourse.

Ces métamorphoses antiques, qui apparaissent comme d'aimables fictions culturelles, vont donner lieu dans la littérature démonologique de la Renaissance à d'interminables dissertations sur la nature réelle, illusoire ou symbolique de telles transformations, ce qui est nettement moins plaisant si l'on sait que ces dissertations ont entraîné la mise au bûcher de nombreux sorciers et loups-garous accusés de posséder, grâce à un pacte diabolique, la faculté de prendre une forme bestiale pour accomplir leurs méfaits.

Le premier loup-garou à apparaître dans ce contexte mythologique fut vraisemblablement le roi d'Arcadie, Lycaon, père de Callisto, transformé en loup par Zeus pour lui avoir servi de la chair humaine au cours d'un festin et pour avoir tenté de l'assassiner durant son sommeil, d'après Ovide. Un comportement bestial était donc puni par une métamorphose bestiale, et Lycaon devint synonyme de lycanthrope.

A partir de cette origine mythologique, le loup-garou va acquérir peu à peu une autonomie culturelle. Pausanias rapporte un cas de lycanthropie et rappelle l'histoire de Lycaon, déjà racontée par Platon avant Ovide. Virgile, dans ses *Bucoliques*, introduit le personnage de Moeris, qui se transforme en loup grâce à certains végétaux puis s'en va courir les bois.

Un des récits pittoresques du *Satiricon* de Pétrone, la célèbre histoire de Niceros, nous donne la première vision d'une scène qui sera largement reprise, dans le folklore comme en littérature (voir plus loin). Au fameux banquet offert par Trimalchion, Niceros est encore sous le coup de l'émotion d'avoir assisté à la transformation, dans un cimetière à la pleine lune, d'un soldat, hôte de son maître, en loup. Le loup provoque des ravages parmi les moutons de la ferme de la bien-aimée de Niceros mais est blessé par un esclave et, revenant chez lui, Niceros y trouve le soldat alité et pansé.

Pline et Varron rapportent l'existence d'hommes pouvant se transformer en loup en Arcadie, patrie de Lycaon, et en Livonie (Pays Baltes), mais déjà bien avant eux, Hérodote mentionnait que les Neuriens, en Scythie (steppes du nord de la mer Noire) avaient cette même faculté. Ces exemples sont significatifs, car la Scythie et la Livonie sont des régions où existent des cultes agraires très anciens de divinités féminines nourricières de la chasse ou de la fertilité, proches des cultes chamaniques ouralo-altaïques et finno-ougriens.

Carlo Ginzburg, dans son monumental ouvrage *Le Sabbat des sorcières*, suggère que les Scythes auraient reçu les croyances chamaniques des peuples d'Eurasie septentrionale et auraient propagé ensuite leurs cultes agraires en Europe, les transmettant notamment aux Baltes, aux Grecs (Artémis), aux Romains (Diane) et aux Celtes (Mères).

Ginzburg considère que ces cultes sont à l'origine de la sorcellerie européenne ; il rapproche les voyages extatiques par lesquels l'âme des chamans rejoint les divinités ou esprits tutélaires des voyages épiques des héros mythologiques gréco-romains et des voyages nocturnes des sorciers.

Dans ce contexte initiatique, qui est souvent associé à la métamorphose animale, les chamans, certains sorciers (comme les *benedanti* frioulans) et certains loups-garous (comme les lycanthropes baltes), prédestinés par une particularité physique à leur naissance, entreraient en état d'extase ou de transe, parfois à l'aide de plantes hallucinogènes. Leur âme, séparée du corps, irait alors rejoindre la déesse nourricière, maîtresse des animaux, dans le monde des morts et y livrer bataille contre les forces occultes pour l'abondance et la fertilité. Dans la vision démonologique de la Renaissance, le voyage extatique deviendra le "sabbat" et les cultes agraires seront considérés comme des rites démoniaques.

Descriptions et interprétations médicales du loup-garou

La fin de l'Antiquité et le début du Moyen Age vont donner lieu à une prolifération de récits et de témoignages concernant les loups-garous. En particulier, les descriptions médicales retiennent l'attention dans la mesure où les commentaires sont parfois

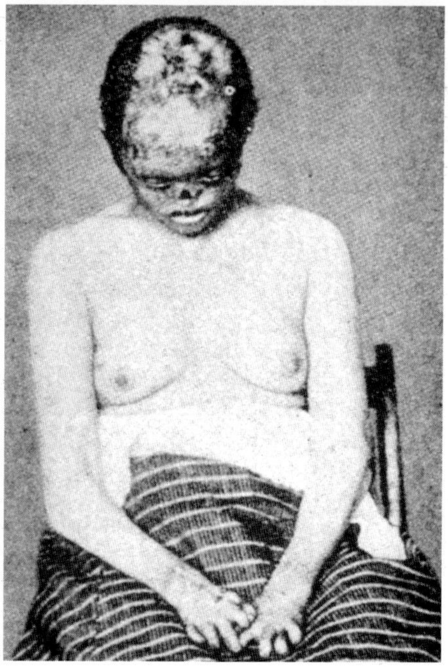

La porphyrie est une maladie rare dont les symptômes évoquent les descriptions cliniques de loups-garous apparues très tôt dans la littérature médicale. A noter l'hypertrichose, les cicatrices et les mutilations aux mains et au visage.

◆

très précis et les tentatives d'explications cohérentes. A partir de textes dus à plusieurs autorités médicales de l'époque, dont Marcellus de Side (Athènes, Ier siècle), Oribase (Constantinople, IVe siècle), Aetius (Rome, Ve siècle) et Paul d'Egine (Alexandrie, VIIe siècle), ce dernier repris par les médecins arabes Rhazes (IXe-Xe siècles) et Avicenne (Xe-XIe siècles), il est possible de reconstituer un portrait type des loups-garous. Il s'agit d'hommes, mais parfois aussi de femmes et d'enfants, qui s'isolent du reste de la population, ne sortant que la nuit, et dont le comportement apparaît confus. Leur peau est sèche, jaunâtre, de pigmentation hétérogène, pâle et couverte d'excoriations, de cicatrices et d'ulcérations, voire de mutilations résultant de leurs longues courses à travers les campagnes et de combats avec d'autres loups. Ils sont occasionnellement couverts de poils. Il ont une bouche rouge et sèche avec des canines parfois proéminentes et brunes. Leurs yeux sont caves et injectés.

Ces descriptions insistent moins sur les dents et les poils, caractéristiques inconstantes, que sur les excoriations cutanées et la bouche rouge et sèche, qui sont des signes systématiques. Ce tableau évoque un groupe de maladies rares, les porphyries qui sont des maladies héréditaires caractérisées par la déficience d'enzymes nécessaires à la dégradation de l'hémoglobine des globules rouges. Il en résulte l'accumulation de produits intermédiaires toxiques, les porphyrines. Le dépôt de porphyrines au niveau cutané entraîne une sévère photosensibilité avec apparition de rougeurs et décollement de la peau lors de l'exposition au soleil. Les lésions cutanées ont tendance à s'ulcérer, avec mutilation progressive de certaines structures (nez, oreilles, paupières et doigts), en laissant des cicatrices. Une altération de la pigmentation et une pilosité anormale (hypertrichose) se développent sur les zones photosensibles. Les porphyrines sont excrétées par les urines et la salive, donnant aux dents, à la bouche et aux urines une teinte rouge brique.

Ces affections se caractérisent également par un dysfonctionnement hépatique donnant lieu à des jaunisses, des anémies, des troubles nerveux et parfois des malformations dentaires. Certaines drogues peuvent provoquer les crises, dont les barbituriques, les contraceptifs, l'alcool, les dérivés d'ergot de seigle. Le traitement consiste en saignées régulières, protection ou évitement solaire, élimination des drogues incriminées. Des transfusions sont parfois nécessaires dans certaines formes aiguës si l'anémie devient importante.

Dans une conférence faite le 2 octobre 1963 à la Société royale de médecine à Londres, le docteur Illis rapproche les descriptions lycanthropiques issues des textes médicaux du premier millénaire de la symptomatologie clinique des porphyries. Le loup-garou, atteint de porphyrie, sortirait la nuit à cause de la photosensibilité et du handicap esthétique. Sa peau est jaune pâle en

raison de la jaunisse et de l'anémie, les excoriations résultant du prurit (jaunisse, lésions cutanées). Les ulcérations, les mutilations et les cicatrices sont des complications des lésions cutanées. Les poils et les troubles de pigmentation apparaissent sur les zones photosensibles. La bouche et les dents sont rouges à cause des dépôts de porphyrines. Les déformations des dents et les yeux injectés font également partie du tableau clinique. Enfin, les troubles du comportement sont soit des troubles nerveux primitifs, comme dans certaines formes de porphyries, soit des troubles psychiques réactionnels (maladie, réaction vis-à-vis de l'attitude de l'environnement social).

Ces troubles psychiques prennent parfois une certaine ampleur, voire dominent la symptomatologie. Ils peuvent alors s'inscrire dans le cadre de la lycanthropie au sens psychiatrique du terme, qui désigne une maladie mentale dans laquelle le malade se prend pour un loup : compulsion bestiale (port de fourrure, hurlements et posture de loup, consommation de viande crue, agressions), méfiance vis-à-vis de la société (recherche d'endroits isolés), grande anxiété et parfois obsession démoniaque.

Dans certains cas, les descriptions insistent sur la sécheresse de la bouche et des yeux, la pâleur de la peau. Ces signes indiqueraient vraisemblablement une intoxication par des substances atropiniques (scopolamine, hyoscyamine, atropine) liées à une consommation excessive de plantes hallucinogènes (belladone, jusquiame).

Parmi les autres diagnostics médicaux envisagés, mentionnons la rage humaine qui peut provoquer des troubles du comportement ressemblant à ceux décrits dans la lycanthropie (attitude bestiale, isolement).

L'hypertrichose congénitale généralisée, une affection autosomique dominante très rare (cinquante cas décrits en trois siècles), se caractérise par un tableau clinique spectaculaire pouvant évoquer un rapprochement avec les loups-garous : les personnes atteintes sont couvertes de poils dès leur naissance et présentent de surcroît des malformations des dents et des oreilles. Le cas le plus célèbre est celui de Petrus Gonzalvus, au XVIe siècle, surnommé l'homme-loup de Bavière, et de sa famille. Une famille mexicaine a récemment été l'objet d'une large diffusion médiatique.

Les enfants-loups, enfants sauvages élevés par des loups ou d'autres animaux et adoptant leurs mœurs, pourraient avoir contribué à alimenter certaines légendes de loups-garous. Une des histoires les plus célèbres est celle de Romulus et Remus, fils jumeaux de Rhea Sylvia et du dieu Mars, qui furent jetés dans le Tibre puis récupérés par une louve qui les allaita. La légende veut qu'ils furent ensuite recueillis par le berger Faustulus et qu'ils fondèrent la ville de Rome. Certains remarquent cependant que le terme latin *lupa* signifie non seulement louve, mais également prostituée, ce qui rend l'histoire plus vraisemblable bien que moins poétique.

Dans son film L'ENFANT SAUVAGE (1969), François Truffaut relate avec fidélité l'histoire de Victor, l'enfant sauvage découvert dans l'Aveyron en 1797.

◆

Par delà les récits légendaires, les cas réels les plus connus en Europe sont l'enfant-loup de la Hesse (1344), recueilli par des loups qui lui creusèrent une litière et qui l'entouraient la nuit pour le protéger du froid, et l'enfant-ours de Lituanie (1694). Leur notoriété provient entre autres des rapports qu'en firent Jean-Jacques Rousseau (*Discours sur l'origine de l'inégalité parmi les hommes*, 1754) et Linné (*Systema naturae*, 1758). Après leur retour dans la société humaine, leurs progrès furent tangibles mais limités : l'enfant de la Hesse "avait tellement pris l'habitude de marcher comme les animaux qu'il fallut lui attacher des pièces de bois qui le forçaient à se tenir (...) en équilibre sur ses deux pieds (...). Il en était de même de l'enfant qu'on trouva (...) dans les forêts de Lituanie et qui vivait parmi les ours. Il ne donnait (...) aucune marque de raison, marchait sur ses pieds et sur ses mains, n'avait aucun langage et formait des sons qui ne ressemblaient en rien à ceux d'un homme" (Rousseau). L'enfant de la Hesse eut un "très net éveil mental" et l'enfant de Lituanie "fit mieux en apprenant non seulement à se tenir debout, mais également à parler" (Lucien Malson).

Parmi les cas européens plus récents, le mieux documenté est celui de Victor, l'enfant sauvage de l'Aveyron. Il avait été aperçu pour la première fois dans le Tarn en 1797 et capturé en 1800. Après avoir été placé dans des asiles locaux, il fut recueilli en 1801 par le docteur Itard, médecin-chef de l'Institution des sourds-muets à Paris qui désirait montrer que son idiotie résultait d'une carence au niveau de l'éducation et non d'une déficience primaire.

Les premières observations décrivaient un enfant d'âge pubertaire, passant d'une agitation parfois convulsive à la prostration totale et cherchant constamment à s'enfuir. Il n'était guère attiré par ce qu'offre la société humaine (jouets, lit, sucreries, musique, voix humaine), mais plutôt par les éléments naturels (feu, pluie, légumes, fruits, eau) et se montrait insensible aux variations thermiques, odorantes ou sonores. Après un an (1801), sa sociabilité, sa sensibilité et son affectivité s'étaient développées mais le désir de fuite restait présent et son intérêt intellectuel demeurait succinct. Après six ans (1806), il avait fait des progrès dans l'apprentissage de la lecture et de l'écriture, mais il ne parlait toujours pas et son activité restait limitée. Son affectivité s'était étendue, avec l'apparition du bon vouloir, du scrupule et du repentir, mais il restait partagé entre ses pulsions de vagabondage et l'affection pour ses proches. Il allait vivre ensuite dans une dépendance de l'Institution jusqu'à sa mort en 1828. L'histoire de Victor est fidèlement retracée dans le film austère mais sensible de François Truffaut, *L'Enfant sauvage* (1969), qui s'appuie sur les deux mémoires du docteur Itard (1801-1806), interprété par Truffaut lui-même.

Au XIXe siècle, plusieurs cas d'enfants-

Hypertrichose congénitale généralisée. L'hyperpilosité qui caractérise cette affection rare peut inciter à un rapprochement avec les loups-garous. Ici Adrian Jerticheff, dit le "Chien du Caucase", qui fut exhibé à Paris en 1893. Il puisa dans son immense fortune pour faire donner des offices afin d'assurer le salut de son âme.

◆

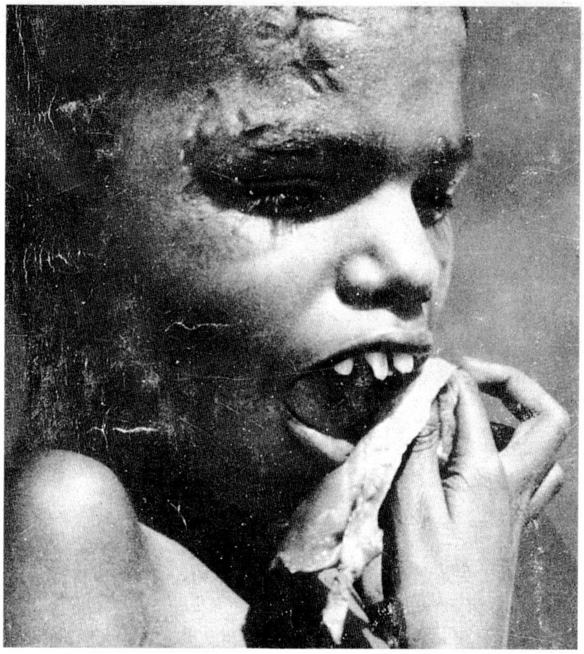

Enfant-loup de neuf ans trouvé en Inde en 1954. Certains cas ont pu être à l'origine de légendes lycanthropiques et inspirer le célèbre LIVRE DE LA JUNGLE *de Rudyard Kipling.*

◆

loups indiens colligés par William Henry Sleeman (1858) et par Valentin Ball (1880) ont été à l'origine du célèbre *Livre de la Jungle* (1894) de Rudyard Kipling, qui conte l'immortelle histoire de Mowgli, le petit d'homme élevé par une louve, admis dans la société des animaux, soumis à la loi de la jungle et qui finit par réintégrer la société des hommes.

Les cas de loups-garous tels qu'ils sont décrits dans les textes de la fin de l'Antiquité et du début du Moyen Age évoquent une maladie comportant un aspect clinique (porphyrie) et un aspect psychiatrique (lycanthropie) intriqués ou distincts, se compliquant parfois de signes d'intoxication par des plantes hallucinogènes. Les médecins de l'époque, entre autres ceux mentionnés plus haut, considéraient la lycanthropie comme une maladie résultant d'une perturbation de l'équilibre des humeurs, avec prédominance de l'humeur biliaire noire (atrabile) ou mélancolique et la dénommaient *Insania Lupina* ou *Melancholia Lupina*.

La théorie des humeurs, fondement de la médecine galénique, considérait que la bonne santé physique et psychique de l'individu résultait de l'équilibre de quatre humeurs ou fluides fondamentaux: le sang (chaud et humide), le flegme (froid et humide), la bile jaune (chaude et sèche) et la bile noire ou atrabile (froide et sèche). La prédominance d'une de ces humeurs induisait le tempérament d'une personne et son état de santé (tempérament sanguin, flegmatique, colérique ou mélancolique). L'excès de bile noire, sécrétée par le foie et stockée dans la rate, était associé au tempérament mélancolique de sorte que "*spleen*", en anglais, signifie "rate" mais aussi "mélancolie". En cas de déséquilibre franc, l'individu mélancolique risquait l'apparition d'une pathologie résultant de l'accumulation de bile noire dans la rate, avec inflammation puis cirrhose, cette bile noire n'étant plus éliminée vers l'estomac mais charriée par le sang et dispersée dans le corps. Dans cette optique, les lésions cutanées purpuriques ou ulcéreuses étaient considérées comme résultant de cet excès de bile noire.

Dès lors, la lycanthropie, qui associe des lésions cutanées ulcéreuses et un comportement solitaire nocturne, apparaissait comme le prototype de l'affection mélancolique, au même titre que la lèpre, appelée alors "éléphantiasis". Pour les médecins de l'époque, l'aspect psychique (isolement nocturne) et l'aspect clinique (lésions cutanées) de la maladie étaient donc liés à une même cause: excès de bile noire et d'humeur mélancolique. On sait effectivement aujourd'hui que, dans la porphyrie, les deux aspects sont liés, mais ont pour origine la sensibilité aux rayons du soleil et non la "mélancolie".

L'attitude thérapeutique préconisée par les autorités médicales, en particulier celles citées plus haut, était très humaine. Les loups-garous étaient soumis à diètes, purges, évacuations et saignées (!) pour éliminer la bile noire, bains parfumés pour apaiser le corps, frictions opiacées pour induire une

cure de sommeil. Ils étaient parfois placés dans un environnement apaisant (jardins fleuris) avec de la musique douce destinée à calmer leur esprit, dispositions qui étaient alors d'usage lors de la prise en charge des malades mentaux. On ne pourrait pas faire grand chose en plus, de nos jours, pour les patients atteints de porphyrie !

La chasse aux sorcières

L'Antiquité et le Moyen Age furent pour les loups-garous des périodes de relative tranquillité car les autorités médicales les considéraient en général comme des malades et les traitaient avec bienveillance et, s'ils devaient certes subir l'ostracisme des populations, ils jouissaient d'un statut privilégié dans certaines régions en relation avec les cultes agraires ou totémiques. Mais un revirement complet d'attitude allait se produire à l'aube de la Renaissance, les loups-garous, désormais considérés comme des créatures diaboliques, devenant alors l'objet d'une répression implacable, dans le cadre de ce que les historiens ont appelé la "chasse aux sorcières" (XVe-XVIIe siècles).

L'assise théorique et philosophique de la chasse aux sorcières remonte à la fin du XVe siècle et ne constitue au départ qu'un avatar de l'Inquisition, c'est-à-dire de la répression de l'hérésie. Sous l'impulsion d'une bulle du pape Innocent VIII, "*Summis desiderantes affectibus*", deux inquisiteurs dominicains allemands, Jakob Sprenger et Heinrich Kramer, font paraître à Francfort en 1486 un ouvrage stigmatisant le rôle du diable dans la société de l'époque, le *Malleus Maleficarum* ("le marteau des sorcières").

L'essentiel de l'ouvrage est une compilation d'anecdotes, pour la plupart sans références, tendant à montrer l'omniprésence du démon et de ses manifestations. La sorcellerie y est présentée comme la conséquence d'un pacte démoniaque, pacte dont le caractère maléfique est souligné, tout comme celui des cultes anciens et de la magie populaire. Dans ce contexte, le *Malleus Maleficarum* fut le chaînon cristallisateur, codificateur et amplificateur d'un mouvement lancé en 1326 par la bulle "*Super illius specula*", du pape Jean XXII, qui assimilait la sorcellerie à l'hérésie et habilitait les inquisiteurs à la poursuivre, alors que jusque là, les autorités ecclésiastiques en niaient la réalité. Le fondement théorique de ce mouvement remonte aux écrits théologiques de saint Thomas d'Aquin (XIIIe siècle) et même saint Augustin (IVe siècle).

Sprenger et Kramer ne considèrent pas la lycanthropie comme une maladie mais comme un acte de sorcellerie et donc une manifestation diabolique. Ils ne croient pas que le diable soit capable de causer une véritable métamorphose d'homme en loup, mais qu'il est en son pouvoir de provoquer une illusion lycanthropique par altération de l'équilibre des humeurs, avec prédominance de l'humeur mélancolique et modification

La chasse aux sorcières connut son apogée à la Renaissance, sous l'impulsion d'ouvrages démonologiques rédigés par des inquisiteurs. Le plus influent de ces textes fut le MALLEUS MALEFICARUM. Ici Anne Hendriks, brûlée comme sorcière à Amsterdam en 1571. Gravure pour une série protestante publiée en Hollande en 1684 à propos de la révocation de l'Edit de Nantes.

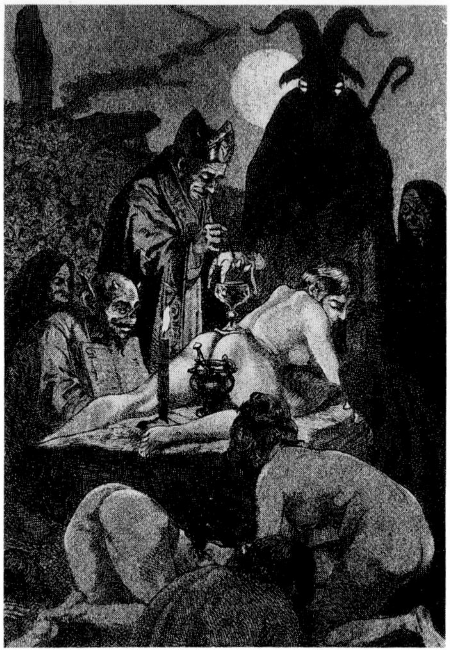

subséquente des facultés mentales, physiques et émotionnelles.

Les personnes de caractère influençable en proie à l'humeur mélancolique sont, d'après les auteurs, particulièrement susceptibles de se laisser entraîner par le démon à la pratique de la sorcellerie : les malformés, les excentriques, les faibles et les lycanthropes sont ainsi visés, mais ce sont les femmes qui vont constituer la cible principale des deux inquisiteurs, orientant dès lors la répression de la sorcellerie dans le sens d'une chasse aux sorcières. Et les auteurs de justifier leurs accusations par une série de considérations peu objectives sur l'anatomie, la physiologie et les humeurs féminines, estimant que l'essence même de la femme s'exprime par un caractère sournois, faible et perfide et une propension à la mélancolie qui fait de celle-ci un terrain d'influence idéal pour le démon et l'incite à s'adonner à la sorcellerie.

Les auteurs font ainsi étalage d'une misogynie tellement féroce que certains critiques modernes (S. Anglo) qualifient leur ouvrage de manuel de pornographie scolastique.

Les conclusions de Sprenger et Kramer, codifiées en une véritable méthodologie de l'enquête et du procès, sont édifiantes : le démon est ubiquiste, la sorcellerie est omniprésente et ceux qui s'y adonnent doivent être impitoyablement poursuivis, traqués, soumis à la question et exécutés. L'importance de ce livre ne saurait cependant être sous-estimée : avec au moins trente-quatre éditions et cinquante mille exemplaires de

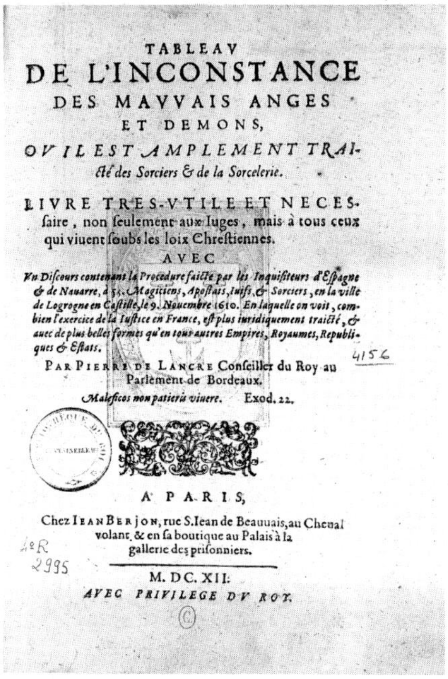

TABLEAV
DE L'INCONSTANCE
DES MAVVAIS ANGES
ET DEMONS,
OV IL EST AMPLEMENT TRAI-
cté des Sorciers & de la Sorcelerie.

LIVRE TRES-VTILE ET NECES-
saire, non seulement aux Iuges, mais à tous ceux
qui viuent soubs les loix Chrestiennes.

AVEC

Vn Discours contenant la Procedure faicte par les Inquisiteurs d'Espagne & de Nauarre, à 53. Magiciens, Apostats, Iuifs, & Sorciers, en la ville de Logrogne en Castille, le 9. Nouembre 1610. En laquelle on voit, combien l'exercice de la Iustice en France, est plus iuridiquement traicté, & auec de plus belles formes qu'en tous autres Empires, Royaumes, Republiques & Estats.

PAR PIERRE DE LANCRE Conseiller du Roy au
Parlement de Bordeaux.

Maleficos non patieris viuere. Exod. 22.

A PARIS,
Chez IEAN BERJON, rue S. Iean de Beauuais, au Cheual
volant, & en sa boutique au Palais à la
gallerie des prisonniers.

M. DC. XII.
AVEC PRIVILEGE DV ROY.

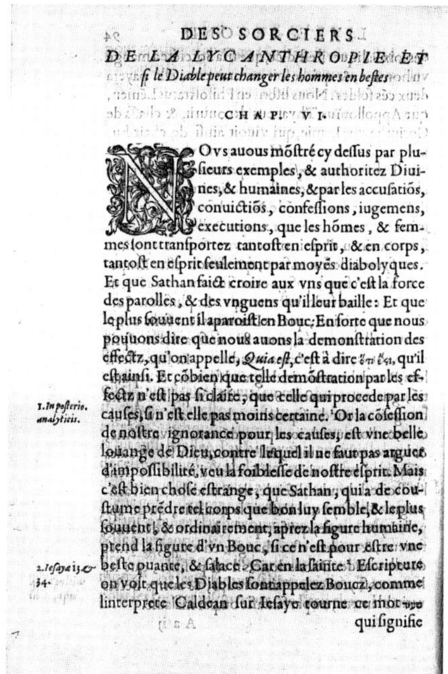

94 DES SORCIERS

DE LA LYCANTHROPIE ET si le Diable peut changer les hommes en bestes

CHAP. VI.

NOus auons mõstré cy dessus par plusieurs exemples, & authoritez Diuines, & humaines, & par les accusatiõs, conuictiõs, confessions, iugemens, executions, que les hõmes, & femmes sont transportez tantost en esprit, & en corps, tantost en esprit seulement par moyẽs diabolyques. Et que Sathan faict croire aux vns que c'est la force des parolles, & des vnguens qu'il leur baille: Et que le plus souuent il aparoist en Bouc; En sorte que nous pouuons dire que nous auons la demonstration des effectz, qu'on appelle, *Quia est*, c'est à dire ὅτι ἐστί, qu'il est ainsi. Et cõbien que telle demõstration par les effectz n'est pas si claire, que celle qui procede par les causes, si n'est elle pas moins certaine. [1] Or la cõfession de nostre ignorance pour les causes, est vne belle louange de Dieu, contre lequel il ne faut pas arguer d'impossibilité, veu la foiblesse de nostre esprit. Mais c'est bien chose estrange, que Sathan, qui a de coustume prẽdre tel corps que bon luy semble, & le plus souuent, & ordinairement, aprez la figure humaine, prend la figure d'vn Bouc, si ce n'est pour estre vne beste puante, & salace. Car en la saincte [2] Escripture on voit que les Diables sont appelez Boucz, comme l'interprete Caldean sur Iesaye tourne ce mot … qui signifie

1. In posterio. analyticis.
2. Iesaye 13. & 34.

A la Renaissance, la lycanthropie était considérée comme une manifestation de sorcellerie et condamnée comme telle par les juges démonologues. Certains juges, tels Pierre de Lancre, se livrèrent à une persécution systématique de la sorcellerie. Ils rédigèrent des ouvrages démonologiques souvent inspirés du Malleus Maleficarum. Frontispice et tête de chapitre du Tableau de l'inconstance des mauvais anges et démons de Pierre de Lancre, 1612.

◆

1486 à 1669, le *Malleus Maleficarum* fut un des best-sellers de son époque. Il servit de base théorique, d'ouvrage de référence et d'outil de travail aux procès de sorcières et de loups-garous qui allaient se multiplier aux XVIe et XVIIe siècles, lorsque les magistrats prirent le relais des inquisiteurs dans la répression de la sorcellerie.

Alors qu'au Moyen Age les procès de justice opposaient entre elles des personne privées, l'appareil judiciaire deviendra à la Renaissance un instrument de répression de la société contre l'individu. Des milliers de sorcières, des centaines de loups-garous seront ainsi envoyés sur le bûcher au terme de procédures douteuses, principalement en Lorraine, en Franche-Comté, dans le Jura, au Luxembourg, dans le pays de Labourd (Pays Basque), dans le sud de l'Allemagne, dans quelques cantons suisses et en Ecosse.

Certains juges, inconscients ou féroces, qui faisaient pourtant partie de l'élite intellectuelle de leur pays, devinrent spécialistes de ce genre de persécutions, élaborant une technique de recrutement particulière qui ne faisait qu'attiser et entretenir la terreur des populations: ils envoyaient des questionnaires aux prévôts, incitaient au rabattage et permettaient la levée de milices populaires. Des accusations d'actes criminels et de pratiques sacrilèges frappaient des individus qui, de par leurs humeurs, étaient susceptibles d'être manipulés par le démon. Il s'agissait en fait avant tout de personnes incapables de se défendre face à la complexité des procédures judiciaires et susceptibles d'en venir aux aveux par suggestion lors des interrogatoires ou apres soumission à la torture.

Cependant, alors que les accusations populaires réclamaient une peine spécifique pour un délit précis, les magistrats transformaient le sortilège ou l'acte criminel en maléfice et ne jugeaient dès lors pas les faits eux-mêmes, mais bien la suspicion de pacte diabolique et donc l'appartenance aux "cohortes infernales polluées par le blasphème" qui, à leurs yeux, ne pouvait qu'être sanctionnée par le bûcher.

Certains de ces juges tels Jean Bodin, Henry Boguet, Nicolas Rémy, Martin del Rio, Pierre de Lancre, ont rédigé des ouvrages de démonologie qui reprennent, à quelques nuances près, la rhétorique du *Malleus Maleficarum*. Ces ouvrages ont répandu dans l'Europe entière la terreur des bûchers.

Face à la fureur obsessionnelle de la magistrature, il est curieux de constater l'étrange passivité du pouvoir central, quand celui-ci n'allait pas jusqu'à encourager de telles pratiques, comme le firent Henri II ou Charles IX. Henri IV en personne envoya même le zélé Pierre de Lancre dans le pays de Labourd pour faire procès aux sorciers et aux sorcières...

Les procès de loups-garous se sont multipliés entre 1570 et 1610. A l'instar de Sprenger et Kramer, la plupart des juges considéraient la lycanthropie comme une illusion résultant d'une emprise démo-

Le concept démonologique de la Renaissance considérait les anciens cultes de fertilité comme des rites diaboliques. Scène de messe noire, illustration de Van Maele pour La Sorcière de Michelet, 1911.

◆

Sorcière brûlée en Beauce. L'obsession démoniaque de certaines autorités ecclésiastiques et judiciaires eut pour principales victimes des femmes, censées s'adonner plus que les hommes à la sorcellerie. Elles furent impitoyablement condamnées au bûcher. Dessin extrait des minutes d'un procès de l'Inquisition pour sorcellerie, au XVe siècle.

◆

Peter Stubbe, accusé de lycanthropie et exécuté à Cologne en 1589, était un grand assassin. Ces gravures sur bois du XVIe siècle illustrent la procédure impitoyable dont furent également victimes nombre d'innocents.

◆

niaque et non comme une véritable transformation, à l'exception de Jean Bodin, qui semblait accorder au diable beaucoup plus de pouvoirs que ses contemporains et croyait à la réalité des métamorphoses antiques. C'est avant tout l'emprise démoniaque qu'il convenait de condamner, les actes criminels soi-disant commis par les loups-garous passant donc au second plan. Les ouvrages démonologiques rédigés par les juges, en particulier par Jean Bodin, Henry Boguet, Pierre de Lancre et par certains humanistes de l'époque tels Jean Wier, Jean de Nynauld, Simon Goulart, contiennent quantité d'anecdotes, de compte-rendus de procès et de discussions qui permettent une tentative de reconstitution.

Lorsqu'une série de crimes, rituels ou non, réels ou imaginaires, survenait, le pouvoir civil et les parlements provinciaux autorisaient la formation de milices populaire. Le dévolu était en général jeté sur des individus coupables de délit de mine patibulaire ou de comportement étrange.

Le loup-garou, traduit devant le pouvoir civil, était soumis à la question dans le but de lui faire avouer sa responsabilité criminelle, mais également son appartenance diabolique et les moyens utilisés pour ses pratiques de sorcellerie lycanthropique (onguents, peaux de loup, incantations...). Combien de malades mentaux, de simples d'esprit, de faibles, de malformés et d'excentriques ne furent-ils pas les victimes de tels agissements?

La description de certains de ces loups-garous (Bodin, Boguet, Wier) se rapprochant des textes médicaux anciens, il est vraisemblable que des malades atteints de porphyrie se soient retrouvés broyés dans un engrenage infernal.

Les accusations de lycanthropie étaient particulièrement fréquentes durant les périodes d'épidémies, de famines et de surpopulation. L'imaginaire populaire fut sans doute influencé par la psychose des grandes maladies, le délire de la faim, les régimes alimentaires déséquilibrés et la consommation de plantes hallucinogènes en période de disette, certaines se retrouvant dans la composition de pains distribués dans la population : pavot, chanvre, ivraie (d'où l'importance connue dès les temps bibliques, de séparer le bon grain de l'ivraie).

Par ailleurs, ces mêmes facteurs ont également dû avoir une influence dans la genèse de l'illusion lycanthropique ; le rôle des plantes hallucinogènes (décoctions, onguents) contenant des dérivés atropiniques et sans doute utilisées pour le voyage extatique, déjà relevé par les médecins du premier millénaire, a été mentionné plus haut. Certains auteurs (W. M. S. Russell, C. Russell) suggèrent également comme facteur possible l'intoxication par l'ergot de seigle (ergotisme), fréquent à cette époque (feu de saint Antoine) ; son tableau clinique comporte une forme convulsive caractérisée par des troubles mentaux comprenant des hallucinations et une désorientation, voire de la

DISCOVRS
EXECRABLE
DES SORCIERS.
Ensemble leur Procez, faits depuis 2. ans en ça, en diuers endroicts de la France.
Auec vne instruction pour vn Iuge, en faict de Sorcelerie.
Par HENRY BOGVET, *grand Iuge au Comté de Bourgongne.*
A ROVEN,
DE L'IMPRIMERIE
De MARTIN le MESGISSIER,
Imprimeur ordinaire du Roy, au haut des degrez du Palais.
1603.

démence. Enfin, la famine poussant parfois l'homme à sa dernière extrémité, il est vraisemblable que certains cas de lycanthropie ne furent rien d'autre que du cannibalisme alimentaire.

A côté des condamnations de nombreux loups-garous anonymes qui disparurent dans les flammes des bûchers et les oubliettes de l'histoire, certains procès, célèbres et spectaculaires, apparaissent comme de simples affaires de crimes de droit commun où de grands assassins, dignes ancêtres de Jack l'Eventreur, accumulèrent viols, incestes, sadisme, mutilations, infanticides, nécrophagie. Ces crimes, soit sous la torture, soit par folie réelle ou par simple simulation, étaient souvent mis sur le compte d'un pacte diabolique ou de la lycanthropie.

Les cas les plus connus furent ceux de Gilles Garnier (rapporté par Henry Boguet) exécuté à Dôle en 1573, de Pierre Stumf (ou Peter Stubbe) exécuté à Cologne en 1589 et de Clara Geissler (rapporté par Jean de Nynauld) exécutée à Genève en 1604. Ces criminels condamnés au bûcher comme sorciers et loups-garous, alors qu'ils auraient inexorablement expié pour leurs crimes, ne doivent pas occulter les centaines d'innocents accusés de forfaits imaginaires. A relever également le cas particulier de Jean Grenier (rapporté par Pierre de Lancre), jeune garçon de treize ans, complexé, mythomane, qui pour éblouir et faire frémir les bergères inventa de toutes pièces des histoires dignes des plus sombres romans gothiques. Il fut néanmoins condamné à Bordeaux en 1603.

On peut se demander pourquoi, en pleine Renaissance, les autorités ecclésiastiques et judiciaires, qui faisaient partie de l'élite intellectuelle de la société, se sont laissées entraîner à de telles atrocités. Roland Villeneuve remarque très justement que cette époque coïncide avec une redécouverte de la culture et du paganisme gréco-romain, et que certaines pratiques ancestrales comme les cultes polythéistes, certaines fictions culturelles comme les métamorphoses des dieux, ont été prises au pied de la lettre, sans le moindre esprit critique. Transposées dans l'environnement de la Renaissance, elles ont donné lieu à des interprétations et des condamnations abusives.

L'historien français Jean Delumeau va plus loin en remarquant que les magistrats et les membres du clergé constituaient une élite partageant un même pouvoir, un même savoir, une même éducation et un même langage écrit. Ils auraient progressivement pris conscience de l'existence autour d'eux d'un monde rural, de tradition orale, qui lui était hostile sur le plan social (révoltes des serfs) comme sur le plan religieux ("magisme", cultes agraires). Cette menace sur la culture dirigeante serait à l'origine des procès de sorcellerie comme forme d'autodéfense de l'éthique dominante contre des pratiques collectives qui les désavouaient et qui furent qualifiées de complots. Après les lépreux et les Juifs, au XIVe siècle, les sorciers étaient

Le juge démonologue Henry Boguet rapporta plusieurs anecdotes et comptes-rendus sur les loups-garous, dont le célèbre cas du criminel Gilles Garnier et celui d'une châtelaine qui perdit une main en attaquant un chasseur sous forme de louve. Henry Boguet, DISCOURS EXÉCRABLE DES SORCIERS, 1603.

◆

DE LA
DEMONOMANIE
DES SORCIERS.
A MONSEIGNEVR M. CHRESTOFLE de Thou Cheualier Seigneur de Cœli, premier President en la Cour de Parlement, & Conseiller du Roy en son priué Conseil.
PAR I. BODIN ANGEVIN.
A PARIS,
Chez Iacques du Puys Libraire Iuré, à la Samaritaine,
M. D. LXXX.
AVEC PRIVILEGE DV ROY.

Comme la plupart de ses confrères, le juge démonologue Jean Bodin était un fin lettré. Son œuvre accorde néanmoins une importance particulière aux pouvoirs du diable, puisqu'il estimait que celui-ci était capable de provoquer une véritable métamorphose animale, et non une simple illusion de transformation.
Jean Bodin, DE LA DÉMONOMANIE DES SORCIERS, 1630.
◆

devenus les nouveaux boucs émissaires.

Et dans la répression, les plus féroces n'étaient certes pas les moins cultivés. H. Boguet, qui embrasa la Franche-Comté, écrivait en latin et fut un historien connu doté d'un savoir quasi universel ; Nicolas Rémy, qui œuvrait en Lorraine, écrivait lui aussi en latin et fut un diplomate et un historiographe renommé ; Pierre de Lancre, qui nettoya le pays de Labourd de ses sorciers, était poète à ses heures ; Jean Bodin, qui dirigea des procès dans diverses provinces françaises, fut un brillant esprit, néo-platonicien, créateur du droit moderne et de la science historique ; enfin Martin del Rio, qui connaissait neuf langues et publia à dix-neuf ans une édition de Sénèque qui fit autorité, illustre la communauté d'intérêt des pouvoirs religieux et civil puisqu'avant de devenir un théologien jésuite, il fut juriste civil, procureur général au Conseil du Brabant. Quoi qu'il en soit, tous ces fins lettrés et leur écrits répandirent le crépitement des brasiers dans toute l'Europe.

Le rôle bénéfique des autorités médicales dans le destin des loups-garous à la fin de l'Antiquité et au Moyen Age a été évoqué. La Renaissance voit apparaître une remise en cause de la médecine galénique et la naissance de la médecine moderne, notamment grâce aux travaux de Vésale (anatomie) et Harvey (physiologie). L'épistémologie aristotélicienne fait son irruption dans l'approche médicale, jetant les bases de la sémiologie et de la physiopathologie.

Mais de cette prise de conscience naît le doute et du doute la peur. En mesurant ce qu'elle connaît, la médecine de l'époque découvre aussi le gouffre de ce qu'elle ne peut expliquer. C'est ainsi que Jean Fernel, un des pères de la médecine moderne, distingue les maladies naturelles, de cause et de traitement connus, des maladies non naturelles, inexplicables, extraordinaires (par exemple les maladies mentales) qu'il considère comme instiguées par le diable et relever des autorités ecclésiastiques. Ambroise Paré lui-même, dans *Des monstres et prodiges*, envisage le rôle du diable dans la cause de certaines malformations congénitales.

Bien que précurseurs de la médecine moderne, ces deux médecins s'éloignent donc, en ce qui concerne les loups-garous, de l'opinion de leurs prédécesseurs et se rapprochent de celle des juges démonologues, puisque Fernel croit, comme Bodin, en la réalité des métamorphoses diaboliques et que Paré estime, comme de Lancre, que le diable peut se transformer en animal, en particulier en loup. Tous deux laissent supposer que la lycanthropie relève plus du pouvoir judiciaire ou religieux que médical. La plupart des médecins et des humanistes de la Renaissance qui se sont penchés sur les problèmes démonologiques et la lycanthropie ont abondé dans le même sens. Jean de Nynauld, médecin français, distingue, tout comme l'historien Simon Goulart, une lycanthropie naturelle (*lupina melancholia*), semblable à celle des auteurs anciens, et une lycanthropie diabolique (*lupina satanica*), rejoignant la forme définie par Sprenger et Kramer. Cette opinion ambiguë se retrouve chez R. Verstegen, médecin anversois, qui s'est particulièrement intéressé à la composition des onguents magiques.

J. F. Wolfeshusius, un médecin de Leipzig, fut appelé en 1591 chez le duc de Prusse suite à la capture d'un loup-garou. Malgré une description en tous points semblable à celles des textes médicaux du premier millénaire, il laissera le pauvre malade aux mains des autorités.

Face à l'excès de prudence de ces médecins, certains prennent courageusement position en faveur des accusés. Ainsi Jean Wier, médecin bâlois, fut un ardent défenseur des sorcières dans son canton et s'opposa violemment à Jean Bodin à propos de la procédure appliquée à deux loups-garous, Pierre Bourgot et Michel Verdung, condamnés sans preuves à Besançon en 1521, sur base de calomnies et de faux témoignages. Wier considérait la lycanthropie comme une maladie mentale et s'il croyait en l'influence du démon dans sa genèse, il estimait que les loups-garous étaient des victimes devant être soignées et non exécutées.

Reginald Scot et Robert Burton, deux humanistes anglais, tiennent les rôles des grands sceptiques dans ce débat puisqu'ils ne croyaient ni au diable ni à la sorcellerie et considéraient les loups-garous comme des malades mentaux. Ils furent en désaccord avec le roi Jacques Ier Stuart, auteur d'un ouvrage de démonologie proche des opinions de Sprenger et Kramer et des juges français. Il est piquant de constater que la mère de Jacques Ier, Marie Stuart, souffrait, selon certains médecins historiens, de crises de porphyrie et que Jacques Ier était donc peut-être lui-même un loup-garou...

Le loup-garou et ses variantes animalières dans le folklore

Les textes démonologiques de la Renaissance ont rassemblé un grand nombre de caractéristiques du loup-garou qui se retrouvent dans les traditions folkloriques d'Europe occidentale. Le lecteur soucieux de retourner aux sources folkloriques consultera avec profit les ouvrages d'Eliott O'Donnell, historien anglais qui a compilé de très nombreuses légendes lycanthropiques de toutes les régions d'Europe.

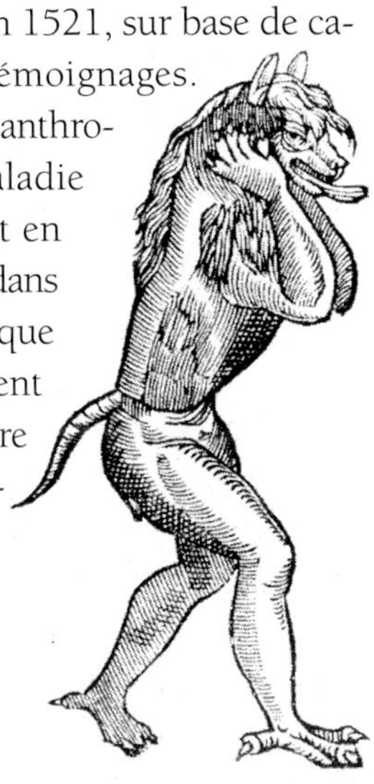

De nombreux médecins de la Renaissance, dont Ambroise Paré, Jean Fernel et Paracelse, considéraient que certaines maladies, et en particulier les malformations, les monstruosités et la lycanthropie étaient d'origine diabolique. Gravure extraite des HISTOIRES PRODIGIEUSES *de P. Boaistuau, 1560.*

◆

Le modèle traditionnel du loup-garou, qui sera repris scrupuleusement dans la littérature du XIXe siècle, est fortement influencé par la perception judéo-chrétienne. Le loup-garou est décrit comme un homme qui, de son vivant, se transforme en loup les nuits de pleine lune. La transformation est tant physique que mentale, le loup-garou se caractérisant par son comportement bestial, sa sexualité violente, sa force brutale et son absence totale de scrupules. La transformation peut être partielle (J. Bodin), limitée à certains détails physiques (poils, dents, yeux, griffes, force décuplée) ou à une simple transformation mentale (comportement bestial). La lycanthropie est souvent rapportée comme étant familiale (P. de Lancre) et semble toucher les hommes plus fréquemment que les femmes (H. Boguet, J. de Nynauld). Le loup-garou sous sa forme humaine peut conserver des poils sur les paumes des mains et avoir l'index plus long que le majeur.

Il garde également les stigmates cutanés (égratignures, blessures) contractées lors de ses activités sous forme animale. Cette caractéristique, qui figure déjà dans l'histoire de Niceros et dans les textes médicaux du premier millénaire est illustrée par une anecdote rapportée par Henry Boguet. En 1588, en Auvergne, un chasseur fut attaqué par un loup qu'il mit en fuite après lui avoir coupé une patte. Le soir étant tombé, il se rendit au château le plus proche et conta son aventure au seigneur du lieu. Ouvrant sa gibecière, le chasseur y découvrit une main de femme baguée. Le seigneur reconnut la bague de son épouse. Ils trouvèrent la femme dans la cuisine, cherchant à dissimuler sa blessure. Elle avoua avoir attaqué le chasseur sous forme de louve et fut condamnée au bûcher.

La transformation en loup-garou peut être active ou passive, la première étant volontaire, résultant d'un pacte avec le diable et s'obtenant au moyen d'onguents, de peaux de loup, d'incantations magiques, de rites diaboliques ou en commettant certains péchés mortels (J. Bodin, H. Boguet, R. Verstegen). Elle est sollicitée en général par désir de vengeance, par ambition ou par jalousie, la force du loup-garou et son absence de scrupules permettant d'accomplir des actions violentes étrangères à l'homme ordinaire.

La transformation passive ou involontaire résulte d'une vengeance, d'une malédiction, d'une possession diabolique, d'une morsure par un loup-garou ou d'une transmission familiale (P. de Lancre, J. Bodin, H. Boguet).

Pour abattre un loup-garou, il faut utiliser des balles d'argent, de préférence bénites et marquées d'une croix. Selon certaines traditions, le loup-garou ne peut mourir que si son fils aîné accepte de lui succéder. Cependant, dans certaines régions d'Europe centrale, le loup-garou se transforme en vampire après sa mort.

Outre le modèle du loup-garou dans le folklore européen, il existe de nombreuses variantes animalières de par le monde

La transformation en loup peut être complète mais elle advient exclusivement les nuits de pleine lune. "Le Loup-garou", de Maurice Sand, illustration parue dans LE MAGASIN PITTORESQUE *en 1857.*

◆

Cette gravure du XVIIe siècle de Cranach l'Ancien illustre certains attributs du modèle démonologique et folklorique du loup-garou : transformation partielle, essentiellement mentale, avec comportement bestial.

◆

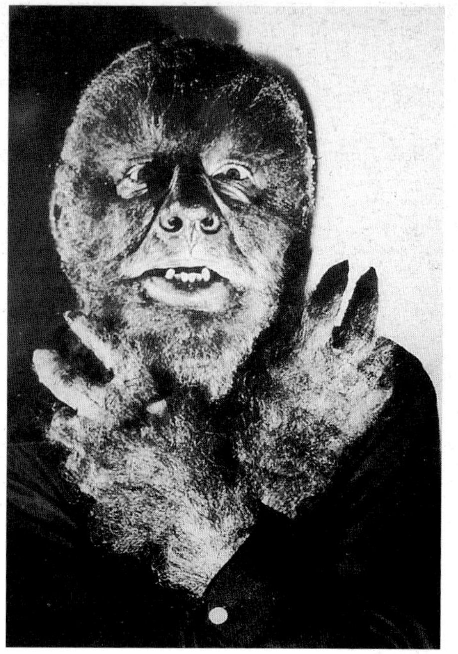

A l'instar des guerriers-loups en Europe, les hommes-léopards africains revêtent la peau de leur animal fétiche pour s'imprégner de ses qualités. Document extrait de L'INTÉGRALE HERGÉ, *1985.*

◆

Le loup-garou n'a inspiré que peu d'œuvres cinématographiques marquantes. La plupart restent en effet très étroitement fidèles au stéréotype folklorique. Cliché extrait du film THE WOLFMAN, *de George Waggner, 1941.*

◆

(certains auteurs utilisent le terme lycanthropie pour désigner n'importe quelle transformation animale, ce qui prête bien entendu à confusion). Ces variantes dépendent de la faune locale et sont souvent l'émanation d'animaux totems ou de divinités protectrices, comme les tigres-garous en Asie, ou les léopards-garous, lions-garous et crocodiles-garous en Afrique. A l'instar des guerriers-loups en Europe, on retrouve en Afrique des hommes-lions, des hommes-crocodiles ou des hommes-léopards qui se revêtent de la peau de leur animal totem afin de s'imprégner de ses qualités. Certains s'adonneraient également aux sacrifices humains et à l'anthropophagie. En Europe du Nord, dans les pays scandinaves, les ours-garous et les hommes-ours sont mieux considérés que les lycanthropes, car l'ours est perçu comme un animal noble et brave qui affronte seul le danger. Dans certaines sagas, l'esprit des grands guerriers peut lutter sous forme d'un ours, tandis que leur corps repose immobile dans leur tente. Cette particularité est similaire au voyage extatique des chamans lapons et finno-ougriens. Par ailleurs, dans les cultes agraires européens, la déesse de la fertilité, maîtresse des animaux, est souvent associée à l'ourse.

Chez les Lapons et les Indiens d'Amérique du Nord, mais aussi dans l'Egypte antique et dans l'ancien Mexique, certaines tribus associent à leurs enfants un animal totem protecteur, le *nagual* (du lapon *namma-guelle* qui signifie nom-poisson). Le mal fait à l'un se répercute sur l'autre. Plus largement répandu encore est le caractère protecteur d'un nom d'animal que l'on donne à un enfant, tel le Bjorn (ours) scandinave.

Enfin au Japon, les renards-garous sont considérés comme les émanations de divinités champêtres et n'inspirent aucune crainte. Ils entretiennent des relations intimes avec les femmes égarées dans leurs forêts. Certaines recherchent ces étreintes particulières et des séducteurs opportunistes peuvent en profiter pour les posséder en revêtant simplement un masque de renard.

On est frappé par l'universalité de certaines caractéristiques : ainsi l'exemple des blessures infligées au garou sous forme animale qu'il garde sous forme humaine se rencontre non seulement dans l'Antiquité avec l'histoire de Niceros et à la Renaissance dans l'anecdote de Henry Boguet, mais également dans une légende japonaise où un samouraï retrouve sa maîtresse amputée d'une main après avoir tenté de prendre un renard au piège, ou encore en Amérique où la blessure mortelle d'un crocodile se retrouve chez le jeune Indien dont il était le *nagual*.

Ce n'est là qu'une illustration des nombreuses similitudes qui existent par le monde entre les cultes de divinités animales protectrices, du chamanisme au totémisme en passant par le nagualisme et les anciens cultes agraires.

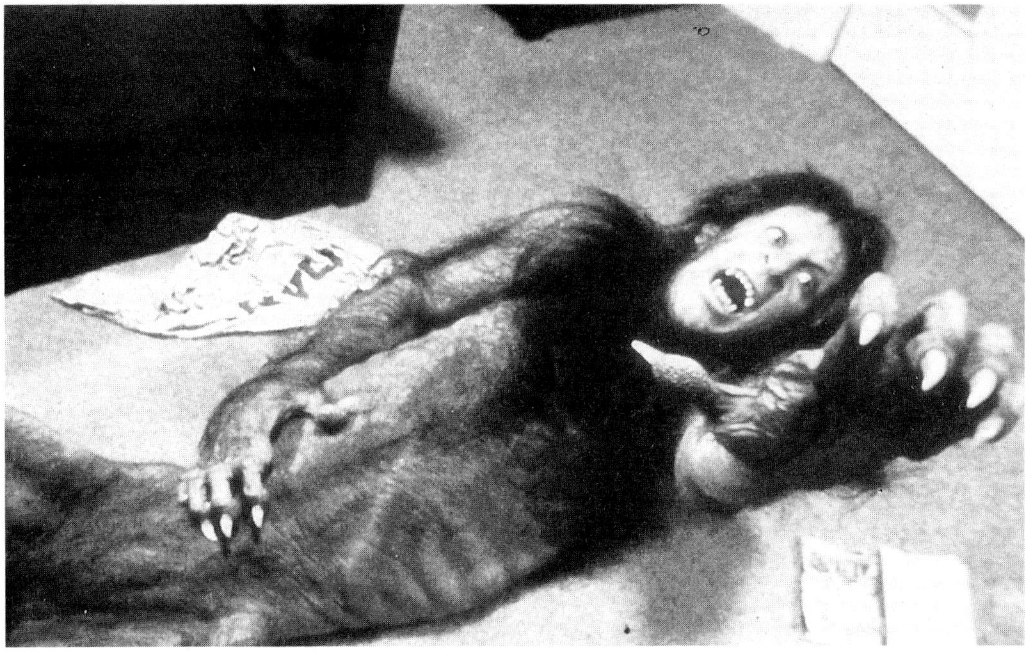

Séquence extraite du LOUP-GAROU DE LONDRES, de John Landis (1981), film truffé d'effets spéciaux spectaculaires.

◆

Développement littéraire du loup-garou

Si les angoisses ancestrales de l'homme ont permis au mythe du loup-garou de persister dans notre inconscient collectif, le thème lycanthropique qui s'est développé sur le plan littéraire au XIXe siècle y apparaît abondant mais qualitativement faible en comparaison avec la richesse du thème vampirique. La raison en est vraisemblablement que, contrairement au vampire, le loup-garou en littérature, à l'exception notable de quelques louves-garous, est resté très proche du modèle folklorique, peu attractif en raison de son manque d'ambiguïté et d'érotisme.

La littérature lycanthropique, qui a connu son plein essor au XIXe siècle avec l'apogée du roman gothique, ne parvient qu'à grand' peine à se débarrasser des poncifs du genre : châteaux isolés, souterrains, cimetières, sombres complots ourdis contre des héroïnes pures et innocentes, traîtres ambitieux, héros beaux et généreux... Elle apparaît, à quelques exceptions près, comme prisonnière d'un stéréotype, à l'image des histoires de loups-garous se répétant à l'infini dans la revue américaine *Weird Tales* (Seabury Quinn, Robert Howard, Donald Wandrei, Carl Jacobi, August Derleth, Clark Ashton Smith...).

Parallèlement, la réputation cinématographique du loup-garou réside essentiellement dans quelques effets spéciaux, certes spectaculaires, mais sans lendemains (*Le Loup-garou de Londres* de John Landis, 1981).

Quelques œuvres lycanthropiques se démarquent toutefois par une certaine originalité : on se penchera avec fruit sur les études et anthologies de Jacques Finné, références obligées en la matière. Le modèle littéraire n'ayant guère évolué, l'analyse de celui-ci sera de nature thématique plutôt que chronologique.

Les loups-garous actifs ou volontaires correspondent à l'image classique du loup-garou : violent, cruel, sadique, féroce, dénué de tout scrupule, il inspire le dégoût et génère le frisson. Cette transformation peut résulter d'un pacte diabolique, comme dans *Le Meneur de loups* (1857) d'Alexandre Dumas, ou être obtenue au moyen d'onguents ou de peaux de loup magiques, ainsi que l'illustre *Hughes, le loup-garou* (1838) de Sutherland Menzies. Brian J. Frost et Jacques Finné ont constaté qu'assez curieusement, la majorité des louves-garous appartiennent à cette catégorie, ce qui reflète sans doute l'influence persistante des théories du *Malleus Maleficarum*.

Toujours est-il que les louves-garous rivalisent de beauté et de cruauté et composent des personnalités plus complexes que leurs homologues masculins. Parmi les plus marquantes, citons Christina, dans la légende *Le Loup blanc du massif du Hartz*, de Frederick Marryat (1839), la fatale et vorace Ravina, héroïne de la nouvelle gothique *La Louve blanche de Kostopchin* (1889) de Gilbert

La nouvelle FOURRURE BLANCHE, de Clemence Housman (1896), présente une louve-garou diabolique d'une beauté irrésistible et dont le charme est fatal. Dessin de Laurence Housman.

◆

Campbell, Lisa, la maîtresse qui cherche à se venger de sa rivale dans *L'Homme qui criait au loup* (1945) de Robert Bloch et surtout White Fell, cette superbe créature venue du froid par qui le malheur arrive dans *Fourrure blanche* (1896) de Clémence Housman, une magnifique "allégorie". Le héros, Christian, y sacrifie sa vie pour vaincre la louve-garou et sauver son frère de ses charmes mortels.

Les loups-garous passifs ou involontaires subissent la transformation malgré eux et deviennent donc les victimes d'un destin implacable. Ils sont voués à l'isolement, à l'obscurité et à la malédiction, souffrent de leur état, inspirant plus la pitié que le dégoût. Les œuvres qui mettent en scène de tels personnages bénéficient de ce fait d'un retournement psychologique leur conférant une dimension tragique puissante.

La malédiction va ainsi s'abattre sur Fleete, l'ivrogne iconoclaste rebutant puis pathétique de *La Marque de la bête* (1889) de Rudyard Kipling, sur le protagoniste de *Running Wolf* (1921) d'Algernon Blackwood dont la transformation est rédemptrice, sur une jeune fille innocente dans *The White Wolf* (1941) de Franklin Gregory et, dans un registre plus léger, sur Wolfe Wolf, le professeur distrait de *The Compleat Werewolf* (1942) d'Anthony Boucher ou sur le mari trompé du *Lai du Bisclavaret* de Marie de France.

Il est curieux de constater l'importance dans la littérature du Moyen Age du thème de l'homme innocent transformé bien malgré lui en loup-garou du fait d'une femme adultère, tel le baron du *Lai du Bisclavaret*, le roi du conte celtique *Arthur et Gorlagon* et le chevalier de *Le Morte d'Arthur* de Thomas Malory, ou encore par une belle-mère cruelle comme le prince espagnol dans *Le Roman de Guillaume de Palerne*. La misogynie ambiante qui allait engendrer la chasse aux sorcières transparaît dans ces récits médiévaux.

Une variante intéressante de cette catégorie est la lycanthropie héréditaire qui se retrouve dans deux des plus belles nouvelles du genre : *Ollala* (1887) de Robert-Louis Stevenson, remarquable récit d'atmosphère qui restitue l'ambiance des grandes familles aristocratiques consanguines, et *The Wolfgirl of Josselin* (1938), d'Arlton Eadie, histoire tragique se démarquant du registre habituel de la revue *Weird Tales*.

Une autre manière de rendre plus humain le loup-garou est d'en faire le narrateur de l'histoire, soit sous forme humaine, comme dans *Le Loup-garou de Ponkert* (1925) de Harold Warner Munn, soit sous forme animale, comme dans *Le Galoup* (1962) de Claude Seignolle, ou encore par le biais d'un journal, comme dans le très sombre *Lune de sang* (1969), de David Case.

Tous les stéréotypes littéraires finissent par engendrer des parodies, et le thème lycanthropique a ainsi donné lieu à quelques œuvres fort plaisantes, telles *The Compleat Werewolf*, déjà cité, *Gabriel Ernest* (1910) et *The She-Wolf* (1914) de l'humoriste anglais Saki, *Lila* (1957) de Peter S. Beagle ou *Le*

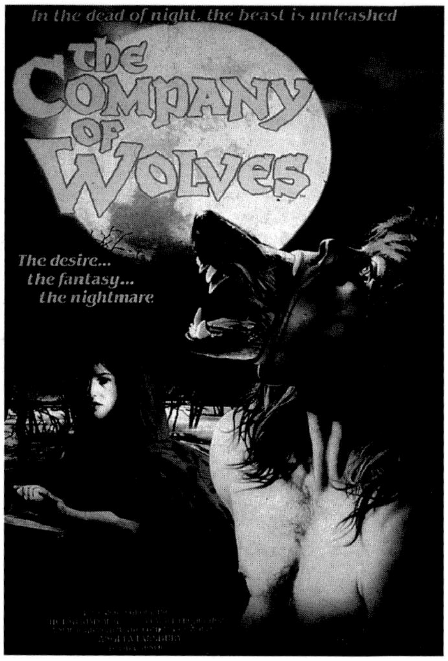

LA COMPAGNIE DES LOUPS de Neil Jordan (1984), étonnante interprétation fantasmatique du PETIT CHAPERON ROUGE est aussi une grande réussite cinématographique par la qualité des images et des effets spéciaux.

◆

Loup-garou (1947) de Boris Vian qui conte les mésaventures d'un charmant loup transformé en jeune homme, dans les méandres parfois sombres de la vie parisienne moderne. La transformation inverse de loup en homme, appelée anthropolycie, est un thème original traité dans un registre humoristique ou tragique. Elle est ainsi perçue comme un drame incompréhensible par le malheureux protagoniste de *Hors de la tanière* (1953) de Bruce Elliott.

Le loup-garou fait bien entendu partie intégrante de la littérature fantastique, mais certaines variantes originales peuvent lui donner accès au roman policier (*Le Monstre immortel* de Jessie Douglas Keruish, 1922 ; *Le Marié perd la tête* de John Dickson Carr, 1929 ; *Un cadavre au clair de lune* de Fredric Brown, 1949) ou à la science-fiction (*Plus noir que vous ne pensez* de Jack Williamson, 1940 ; *Opération Chaos* de Paul Anderson, 1956 ; *Ose* de Philip José Farmer, 1965 ; *Le Principe du loup-garou* de Clifford Simak, 1967).

Les variations animalières du loup-garou, nombreuses sur le plan folklorique, s'inspirent de la faune locale. La littérature se fait l'écho de ces variations, avec même des possibilités plus grandes, puisque l'on y découvre des chiens-garous (*Le Camp du chien*, d'Algernon Blackwood, 1908 ; *Tarnhelm* de Hugh Walpole, 1928 ; *Père et Fille* de Thomas Owen, 1945), des renards-garous (*La Femme changée en renard*, de David Garnett, 1922 ; *La Femme-renard* d'Abraham Merritt, 1949), des chats-garous (*Sortilèges anciens*, d'Algernon Blackwood, 1908), des panthères-garous (*Les Yeux de la panthère* d'Ambrose Bierce, 1891), des ours-garous (*Lokis* de Prosper Mérimée, 1868), mais aussi des tigres-garous, des léopards-garous, des singes-garous, des serpents-garous, des vaches-garous, des puces-garous et même des vents-garous.

A noter également sur le plan cinématographique la panthère-garou de *La Féline* de Paul Schrader, interprétée par Nastassia Kinski (*Cat People*, 1982), un des rares films du genre proposant un réel renouvellement thématique, bien qu'outrancièrement freudien.

Une transformation purement psychologique, sans modifications physiques se retrouve dans *Le Loup* (1884) de Guy de Maupassant et dans *Vandover et la Brute* (1914) de Frank Norris. Rappelons par ailleurs que dans le célèbre *Dr Jekyll et Mr Hyde* (1886), de Robert Louis Stevenson, le bon docteur Jekyll, après avoir absorbé une drogue, subit certes quelques transformations physiques, mais c'est la modification de la personnalité et la résurgence du mauvais Mr Hyde enfoui au fond de lui-même qui frappent l'attention.

La lycanthropie, telle que la définit Lord Byron dans son *Don Juan* (1824), est également d'ordre psychologique : elle désigne le caractère et le comportement particuliers du séducteur, ce qui rapproche ce lycanthrope-là des loups du *Petit Chaperon rouge* ou des

La Compagnie des loups de Neil Jordan (1984).

Les récits lycanthropiques de la revue d'horreur américaine Weird Tales sont le plus souvent répétitifs et stéréotypés. The Wolf-girl of Josselin, d'Arlton Eadie (1938), belle histoire tragique de lycanthropie héréditaire, se démarque du lot.

dessins animés de Tex Avery. Mentionnons au passage le film de Neil Jordan, *La Compagnie des loups* (1984), adaptation freudienne du thème du petit chaperon rouge sur des légendes anciennes, la lycanthropie, le donjuanisme, la peur du loup s'assimilant à la peur du mâle et la montée du désir chez les adolescentes, le tout assorti d'effets spéciaux époustouflants et de très belles images. Curieux, mais unique !

A la fin de certaines œuvres, le loup-garou s'avère n'être qu'un simple assassin ayant tenté de créer un contexte lycanthropique pour masquer ses crimes. Ainsi en va-t-il du loup-garou d'une des enquêtes de Harry Dickson, de Jean Ray. Le plus célèbre de ceux-ci est sans doute le *Weerwolf* de la légende d'Ulenspiegel (1867) de Charles de Coster. Le meurtrier y utilise un gaufrier "amélioré" pour simuler des morsures de loup. L'action se situe sur la côte belge et connaîtra ultérieurement une variante campinoise, de la plume de Michel Jansen (Jacques Van Herp), ponctuée d'une belle chute fantastique.

A l'inverse, le sergent Bertrand, nécrosadique ayant défrayé la chronique au siècle passé, se verra transformé en loup-garou par Guy Endore dans un roman que Jacques Finné considère comme le chef-d'œuvre de la littérature lycanthropique : *Le Loup-garou de Paris* (1933). Gilles Garnier et Pierre Stumf ne sont pas loin...

La porphyrie comme thème littéraire

Ce bref panorama littéraire du loup-garou illustre ses caractéristiques folkloriques. Mais si la notion de lycanthropie héréditaire apparaît dans certaines œuvres, il n'est nulle part question de l'aspect médical de la lycanthropie. C'est pourquoi il convient d'attirer l'attention sur un roman récemment paru dans la série *Gore*, *Erebe ou les noirs pâturages* (1984) de Shaun Hutson, dans lequel une curieuse épidémie lycanthropique est présentée comme une forme de porphyrie. Après tant d'œuvres inspirées par le prototype lycanthropique de la Renaissance, un simple roman de série rejoint enfin les descriptions du premier millénaire : la boucle est bouclée.

Il y a peu, un diagnostic de porphyrie a été suggéré, en dehors d'un contexte lycanthropique, pour expliquer la mystérieuse maladie familiale décrite par Edgar Poe dans *La Chute de la maison Usher* (1839). Roderick Usher est l'ultime descendant, avec sa sœur jumelle Madeline, d'une "famille très ancienne qui s'était distinguée par une sensibilité particulière de tempérament". Extrêmement agité et incohérent, il déclare souffrir d'une "maladie physique aiguë", une "affection mentale" qui est un "mal de famille, un mal constitutionnel". Sa sœur souffre depuis longtemps d'une apathie fixe, d'un épuisement graduel de sa personne et de crises fréquentes, quoique passagères, d'un caractère presque cataleptique. Elle est

16th Year of Publication
Weird Tales
25c
AUG.
THE WOLF-GIRL OF JOSSELIN
By ARLTON EADIE
THRILLS! MYSTERY! EXCITEMENT!
SEABURY QUINN • H. THOMPSON RICH • EDMOND HAMILTON • GANS T. FIELD

Shaun HUTSON
Erebe
OU
LES NOIRS PATURAGES
GORE
GORE

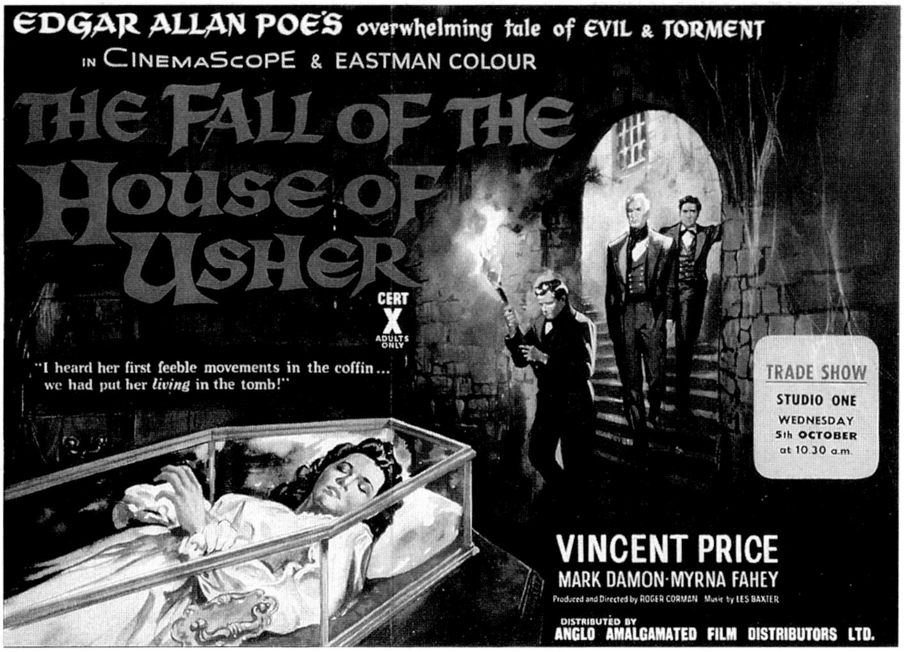

Paru en 1984 dans la série "Gore", le roman d'horreur EREBE OU LES NOIRS PATURAGES *de Shaun Hutson est le premier récit établissant un rapprochement entre porphyrie et lycanthropie.*

◆

Dans LA CHUTE DE LA MAISON USHER *(1839), il semble qu'Edgar Poe ait évoqué un cas familial de porphyrie, ceci cinquante ans avant les premières descriptions médicales de la maladie. Affiche pour le film de Roger Corman (1960) tiré de la nouvelle.*

◆

enterrée vivante lors d'une de ces crises.

La maladie dont souffraient Roderick Usher et sa sœur semble à première vue purement psychique : hypersensibilité, mélancolie ou spleen romantique et langueur progressive. Les ingrédients psychologiques du romantisme gothique s'expriment pleinement dans le cadre approprié d'une maison en ruines. Mais certains détails ne manquent pas d'évoquer la porphyrie, comme l'ont suggéré L. S. Rickman et C. R. Kim.

Le "mal constitutionnel" de Roderick Usher se manifeste par un tableau neurologique comprenant des signes d'atteinte du système nerveux central — agitation, dépression, incohérence, hallucinations auditives ("Ecoutant quelque son inexistant") —, du système nerveux périphérique à type d'hyperesthésie ("Il souffrait vivement d'une acuité maladive des sens"; "Il ne pouvait porter, en fait de vêtements, que certains tissus)" et des nerfs crâniens avec répercussions sur la voix ("La voix passait rapidement d'une indécision troublante (...) à cette espèce de brièveté énergique (...) à ce parler guttural et rude"), sur l'olfaction ("Toutes les odeurs de fleurs le suffoquaient"), sur le goût ("Les aliments les plus simples étaient pour lui les seuls tolérables") et sur l'audition ("Il n'y avait que quelques sons particuliers qui ne lui inspiraient pas d'horreur"; "L'état morbide du nerf acoustique").

Les autres symptômes physiques comprennent une "pâleur spectrale de la peau" suggérant une anémie et, surtout, des signes d'hypertrichose et d'hirsutisme ("Des poils d'une douceur et d'une finesse plus qu'arachnéennes (...) sur la région des tempes (...). Les cheveux soyeux (...) poussaient de façon négligée").

Les premières descriptions cliniques de porphyrie datent de 1890. Poe aurait donc anticipé en rédigeant sa nouvelle cinquante ans auparavant, faisant preuve de la même acuité que d'autres écrivains, tel Goethe ou Barbey d'Aurevilly (voir plus loin). Il faut cependant remarquer que Poe était à Londres au moment de la mort du roi Georges III, atteint d'une forme de porphyrie dont les manifestations neurologiques étaient semblables à celles de Roderick Usher. Il est par ailleurs tentant de rapprocher Roderick, le "loup solitaire", et Madeline, "la morte vivante" des loups-garous et des vampires, expressions culturelles et folkloriques supposées de ce groupe de maladies mystérieuses.

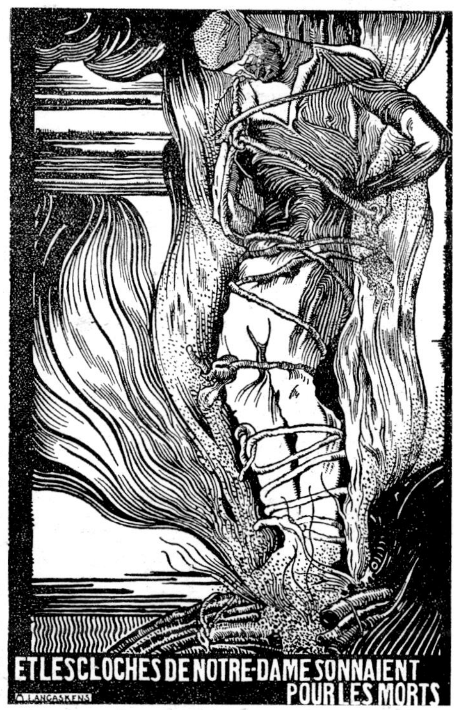

Le "Weerwolf" de LA LÉGENDE D'ULENSPIEGEL *(1867) est un faux loup-garou qui assassine ses victimes avec un gaufrier muni de dents métalliques. Illustration de Maurice Langaskens pour* LA LÉGENDE D'ULENSPIEGEL, *de Charles de Coster, paru en 1924.*

◆

CHAPITRE QUATRE

Vampires

Définitions générales du vampire

Dans le folklore d'Europe centrale et orientale, le vampire est un homme mort dont le corps ne se décompose pas et qui sort la nuit de sa tombe pour sucer le sang des vivants. On remarque déjà deux différences essentielles avec le loup-garou folklorique : le vampire est mort et sort toutes les nuits, tandis que le loup-garou est vivant et ne se transforme que les nuits de pleine lune.

En raison de la valeur symbolique du sang, le terme vampire désigne au sens figuré toute personne s'appropriant à des fins personnelles le travail d'autrui ou son énergie vitale, voire les "fluides" la véhiculant ou les créations et les biens matériels en résultant.

Par analogie, le terme est devenu synonyme de meurtrier sadique, vraisemblablement en raison du caractère violent, sanguinaire et nocturne des exactions commises (voir "Aspects psychiatriques du vampire"). Par extension, il désigne également les nécromanes (nécrophiles, nécrosadiques, nécrophages), ce qui est paradoxal puisque le nécromane est une projection inversée du vampire dans la réalité : il ne s'agit pas d'un défunt venant troubler le monde des vivants, mais d'un être vivant perturbant la paix des morts.

N'oublions pas que le terme "vampire" désigne également une grande chauve-souris sud-américaine se nourrissant occasionnellement du sang de mammifères (Buffon).

Sources théologiques et ancêtres du vampire

Le vampire n'est qu'une des nombreuses expressions de la spectropathie, cette peur de la mort et du néant que, depuis la nuit des temps, l'homme a matérialisée sous diverses formes (spectres, revenants...), en général issues d'angoisses nocturnes et d'hallucinations subséquentes. Parmi ces formes, l'animation démoniaque d'un cadavre remonte à l'Antiquité et au début du Christianisme. Le démon pouvait prendre une forme corporelle attractive afin d'ajouter la possession physique à la possession psychique. Il pouvait se contenter, à cette fin, d'entrer en possession du corps d'un défunt et de le manœuvrer comme un automate. Il revêt naturellement un aspect masculin (incube) pour séduire les femmes et un aspect féminin (succube) pour conquérir les hommes. Si l'ancêtre des démons succubes, la Lilitû assyrienne (Lilith chez les Hébreux) a été reprise par la tradition judéo-chrétienne et adaptée dans le contexte théologique de l'incubat et du succubat chrétien, les descriptions de certains de ses avatars gréco-romains en font les précurseurs indirects des vampires. Ces démons pouvaient prendre la forme d'une femme sensuelle qui séduisait les jeunes gens pour les posséder et sucer leur sang, voire les égorger et les dévorer. Certains préféraient cependant la chair des enfants.

On distingue parmi ceux-ci les lamies,

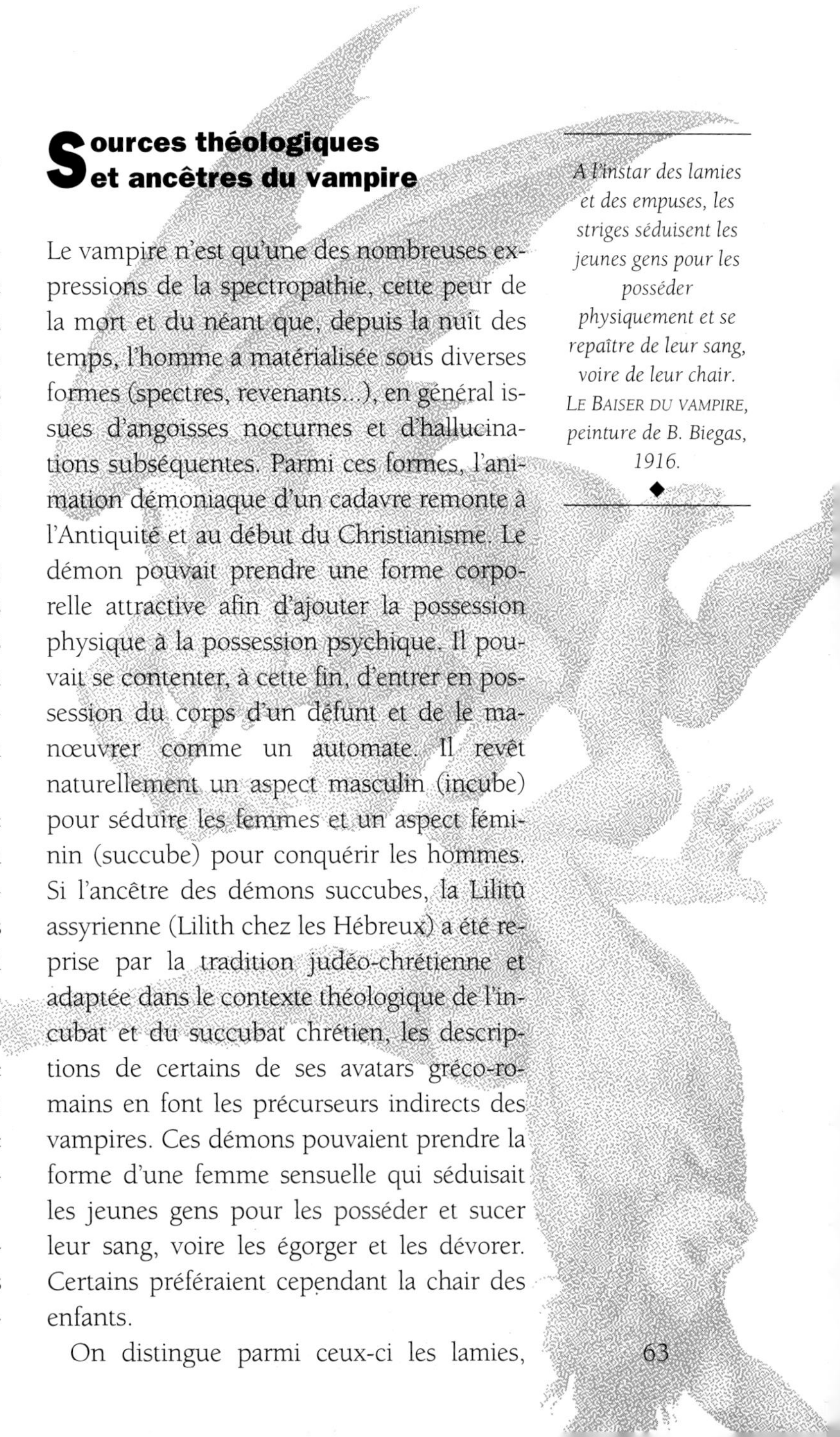

A l'instar des lamies et des empuses, les striges séduisent les jeunes gens pour les posséder physiquement et se repaître de leur sang, voire de leur chair.
LE BAISER DU VAMPIRE, peinture de B. Biegas, 1916.

Les goules sortent la nuit pour dévorer les cadavres dans les cimetières. Gravure anonyme pour la traduction de Galland des Mille et Une Nuits, *1832.*

◆

Une lamie telle qu'elle est décrite dans les textes antiques.

◆

Afin d'assurer la souveraineté de la Valachie, Vlad Dracul IV lutta farouchement contre l'envahisseur turc, mais aussi contre l'expansionnisme hongrois.

◆

serpents ailés se terminant par une tête et un buste de femme, les striges, démons femelles ailés munis de serres, les empuses, spectres multiformes de la nuit, et les onoscèles, démons aux pieds d'âne qui s'attaquaient aux voyageurs égarés. On peut y ajouter les sirènes, démons mi-femme mi-poisson qui dévoraient les marins qui se laissaient séduire par leurs chants. Mais celles-ci, contrairement aux autres, œuvraient en mer, alors que le vampire est spécifiquement terrestre. Une variante orientale de ces démons est la goule qui, d'après *Les Mille et Une Nuits*, erre dans les campagnes et se jette par surprise sur les passants pour les tuer et se nourrir de leur sang et de leur chair, ou qui, le cas échéant, se rend la nuit dans les cimetières se repaître de la chair des défunts. Il existe également des goules (ou *gouls, ghouls, ghuls*) masculins.

Enfin, le loup-garou semble avoir aussi influencé certaines caractéristiques vampiriques (appartenance nocturne, origine démoniaque, contagiosité des morsures, certains détails physiques, certains pouvoirs). Par ailleurs, le caractère sacré du sang, symbole de l'énergie vitale, qui repousse et attire à la fois, se retrouve, de tous temps et en tous lieux, dans de nombreux rituels religieux ou païens. Le christianisme n'y échappe pas, et cette

fascination, tant individuelle que collective, a certainement influencé la naissance et le développement du mythe vampirique. Pour plus de détails à ce sujet, le lecteur consultera avec profit les études de Roland Villeneuve, Jean Marigny et François Ribadeau Dumas.

Sources historiques du vampire

Pour mieux cerner l'image actuelle du vampire, il est utile de se replonger dans la Roumanie du xve siècle. Rappelons que les parties orientale et méridionale de la chaîne des Carpates partagent la Roumanie en trois provinces : à l'est la Moldavie, qui jouxte le pays des Cosaques, au sud la Valachie, formée essentiellement par la plaine du Danube, et au nord-ouest la Transylvanie, région de moyennes montagnes, isolée des autres provinces par les Carpates et dès lors plus proche géographiquement de la Hongrie.

Au début du xve siècle, ces provinces étaient dirigées par des voïvodes, terme qui correspondait à la fois à un titre de noblesse et à une fonction administrative de gouverneur. La Transylvanie était alors sous dépendance hongroise et son voïvode était le gouverneur de Hongrie, Jean Hunyadi. La Valachie et la Moldavie étaient autonomes et constituaient

La pratique du supplice du pal contre les opposants valut à Vlad IV son surnom de Tepes, "l'Empaleur", mais aussi une réputation de grand sadique qui semble avoir été amplifiée par la propagande germano-hongroise. Bois gravé, Strasbourg, XVIe siècle.

◆

les premiers remparts du christianisme face à l'invasion ottomane qui avait alors atteint la Bulgarie après avoir fait tomber Constantinople. Etienne le Grand, voïvode de Moldavie, et Vlad (ou Vladislas) III, fils de Mircea le Grand, voïvode de Valachie, opposaient une résistance farouche à l'envahisseur turc. Vlad III avait été nommé chevalier de l'ordre du dragon (*Dracul* en roumain ; *drac* signifiant dragon) par l'empereur germanique Sigismond, pour ses faits d'armes dans la défense de la chrétienté, mais il fut ensuite capturé par le sultan Mourad et emprisonné jusqu'à sa mort. Cependant, Jean Hunyadi arrêta les Turcs à Belgrade en 1456 et, par cette victoire, permit l'accession au trône de Valachie du fils de Vlad Dracul III, Vlad Dracul IV (ou Vlad Dracula, le suffixe *-a* signifiant fils de), désireux de venger son père en menant la vie dure au sultan Mohammed II, successeur de Mourad, après avoir été, avec son frère Radu, otage des Ottomans durant une partie de sa jeunesse.

Les sources slaves présentent le voïvode sous les traits d'un souverain juste mais extrêmement dur. Il refusa toute concession aux Turcs et alla même jusqu'à faire clouer sur leurs têtes les turbans des envoyés du sultan qu'ils dédaignaient d'ôter en sa présence ; il refusa de payer tribut et fit périr les ambassadeurs turcs. Il prônait l'élimination des inutiles et surtout l'utilisation du pal, supplice relativement banal à l'époque en Orient, administré aux malfaiteurs et aux opposants, ce qui lui valut le surnom de Vlad l'Empaleur ou Vlad Tepes.

Vlad Tepes n'était certes pas un homme tendre. Mais en véritable homme d'Etat, il lutta farouchement pour la souveraineté de sa province. Trop d'ailleurs aux yeux de Mathias Corvin, roi de Hongrie, fils de Jean Hunyadi, qui, après avoir soutenu Vlad en raison de sa résistance contre les Ottomans, le considérait désormais comme un obstacle à ses propres vues sur les provinces roumaines. Il amplifia les rumeurs colportées par des marchands allemands mécontents et s'en servit pour dénigrer un personnage déjà fort controversé. C'est ainsi que naquit la légende noire, reposant sur les sources germano-hongroises, du monstre sanguinaire festoyant parmi les empalés, imaginant des supplices aussi raffinés que gratuits, torturant et tuant dans le plus bel arbitraire.

Affaibli par les ambitions et la propagande hongroise, les soulèvements subséquents dans sa province et l'envahisseur turc, il fut capturé et emprisonné en 1462 par Mathias Corvin, qui se débarrassait ainsi d'un personnage gênant. Son frère, Radu le Beau, fut placé sur le trône de Valachie par les Turcs.

Vlad Tepes mourut assassiné en 1476, peu de temps après avoir récupéré le pouvoir, dans une embuscade tendue, selon les versions, par les Turcs ou les Hongrois, voire par ses propres soldats. C'est alors que, vraisemblablement sous l'influence d'une propagande hongroise désireuse d'éviter que cette mort n'en fît un symbole de la souve-

Le personnage de Vlad IV, auquel s'attachent de vagues rumeurs posthumes de pacte et de possession diaboliques, est devenu un vampire dans le célèbre DRACULA *de Bram Stoker. Gravure du XVIe siècle.*

◆

raineté de la Valachie, une rumeur prétendit que, pendant qu'il organisait la résistance dans les Carpates méridionales en Transylvanie, Vlad Tepes, à l'instar de son père, se serait adonné à la magie noire, aurait conclu un pacte avec le diable et qu'après son décès, il serait devenu un *vampyr* (Dracul signifie également diable ou mauvais esprit en roumain et est synonyme de vampire en moldave). Vlad serait donc, tout comme Richard III, la victime posthume d'une propagande politique qui en fit un monstre pour justifier la présence de successeurs illégitimes.

De cette histoire complexe, où il est difficile de distinguer réalité, propagande et légende, ressortent certains éléments qui enrichiront le thème vampirique : sur le plan folklorique, le pal donnera le pieu, qui est l'arme de choix contre les vampires, et sur le plan littéraire, Vlad Dracula deviendra sous sa forme vampirique le comte Dracula. Ces éléments seront replacés plus loin dans leurs contextes respectifs

L'épidémie vampirique du XVIIIe siècle

A la fin du XVIIe siècle, l'intelligentsia française apprit avec stupéfaction, par des témoignages de voyageurs et de missionnaires, qu'en Europe centrale et orientale les morts revenaient la nuit sucer le sang des vivants et provoquaient leur décès. Ces informations, qui furent reprises en octobre 1694 dans *Le Mercure galant*, journal fort prisé à la cour de Versailles, se diffusèrent dès lors rapidement.

Des témoignages ultérieurs vinrent alimenter ces rumeurs : lors de son voyage en Europe orientale au début du XVIIIe siècle, l'illustre botaniste Pitton de Tournefort fut le témoin privilégié de scènes de panique collective de communautés villageoises affirmant être victimes de persécutions nocturnes.

Plus édifiants encore sont les faits mentionnés dans de nombreux comptes-rendus, certains colligés par Charles Ferdinand de Schetz, dans son *Magia Posthuma* (1706). Ces textes rapportent que l'évêque d'Olmütz (Olomouc), en Moravie, devant la multiplication des plaintes des villageois de la région, mit sur pied un consistoire dont la tâche était de déléguer sur place des commissions d'enquête et d'établir, en fonction de leurs procès-verbaux, un protocole d'attitude. Ces commissions recueillaient les témoignages, exhumaient les corps suspects de maléfice nocturne et procédaient à leur examen. En cas d'absence de signes de corruption charnelle, les corps étaient soumis à une procédure judiciaire au terme de laquelle ils étaient livrés au bourreau pour être exécutés suivant un rituel particulier : après leur avoir planté un pieu en plein cœur et coupé la tête, les restes étaient brûlés et les cendres dispersées. Les commissions d'enquête étaient en général formées d'autorités ecclésiastiques, militaires, judiciaires et médicales.

Les procès aux défunts pour persécutions nocturnes se multiplièrent en Europe centrale au début du XVIIIe *siècle. Les morts suspects étaient exécutés d'un pieu en plein cœur. Illustration d'A. Decaris pour* LE VAMPIRE *de J. Mistler, 1944.*

◆

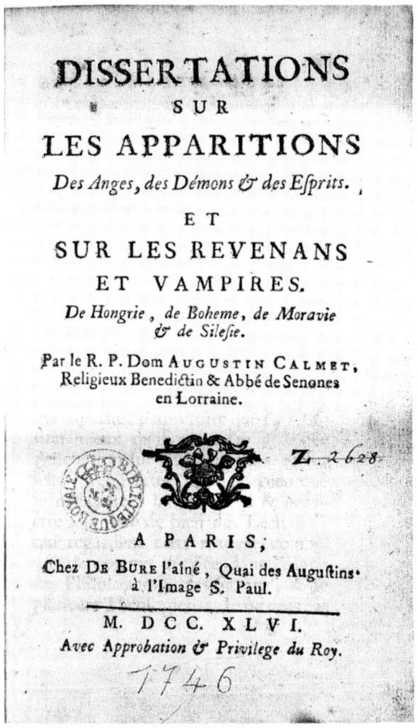
DISSERTATIONS
SUR
LES APPARITIONS
Des Anges, des Démons & des Esprits.
ET
SUR LES REVENANS
ET VAMPIRES.
De Hongrie, de Boheme, de Moravie & de Silesie.
Par le R. P. Dom AUGUSTIN CALMET, Religieux Benedictin & Abbé de Senones en Lorraine.

A PARIS,
Chez DE BURE l'aîné, Quai des Augustins, à l'Image S. Paul.
M. DCC. XLVI.
Avec Approbation & Privilege du Roy.
1746

Le traité de Dom Augustin Calmet, synthèse de nombreux rapports antérieurs, reflète l'intérêt porté au vampirisme au Siècle des Lumières. Edition originale, Paris, 1746.

Ce type de procès aux défunts se multiplièrent au début du XVIIIe siècle en Europe centrale et orientale sous l'impulsion des pouvoirs ecclésiastiques, judiciaires ou militaires dont les commissions prirent ainsi part à d'étranges procédures où intervenaient parfois des autorités vampiriques locales.

Certaines de ces anecdotes et compte-rendus furent cités dans le traité de Michael Ranft *De Masticatione Mortuorum in Tumulis Liber* (Leipzig, 1728) et rassemblés dans la *Revue pour le développement de la médecine et des sciences naturelles* de Nuremberg en 1732. Le texte le plus connu est certainement celui du procès-verbal rédigé à Belgrade en 1731 par une commission déléguée par le conseil de guerre impérial de Vienne pour enquêter sur les vampires de Serbie et dans lequel le terme vampire est cité officiellement pour la première fois (*Visum et Repertum*, 1732). Le compte-rendu en fut repris par *Le Glâneur hollandais*, journal également très apprécié à Versailles, et suscita un engouement considérable, au point que le journal publia un deuxième article sur le sujet, ces deux textes étant réédités ultérieurement dans *Le Mercure historique et politique*.

Le marquis Boyer d'Argens mentionne certaines anecdotes dans ses *Lettres juives*, mais c'est l'abbé bénédictin Dom Augustin Calmet qui synthétise le mieux les préoccupations des intellectuels français en rassemblant nombre de témoignages, d'anecdotes et de compte-rendus dans son *Traité sur les apparitions des anges, des démons et des esprits et sur les revenants et vampires de Hongrie, de Bohème, de Moravie et de Silésie* (1746-1751). Cet ouvrage qui puisait largement aux source antérieures connut un succès sans pareil. On ne parlait plus que de vampires et chacun se fit sa propre opinion. Louis XV demanda à Richelieu de lui rapporter les résultats de l'enquête menée en Serbie. Jean-Jacques Rousseau, dans une lettre à l'archevêque de Paris, s'avouait étonné par l'abondance de témoignages autorisés et de rapports officiels. Voltaire, dans son *Dictionnaire philosophique*, relevait le paradoxe suivant : les chrétiens d'Occident considéraient la conservation des corps comme un signe de béatitude tandis que pour les chrétiens d'Orient, il s'agissait d'un signe de damnation.

Si quelques-uns de ces textes laissaient poindre un certain scepticisme, voire une franche incrédulité, en particulier ceux des philosophes français, la première tentative de réfutation raisonnée fut élaborée par le docteur Van Swieten, archiatre de l'impératrice Marie-Thérèse d'Autriche, qui rédigea à sa demande un rapport médical sur les vampires (1755). Il y conteste l'interprétation des témoignages des personnes tourmentées par les vampires, faisant remarquer que, dans la plupart des cas, elles se plaignaient d'angoisses nocturnes, de compression et d'hallucinations entrant dans le cadre de la terreur spectropathique.

En ce qui concerne l'imputrescibilité des cadavres, Van Swieten met en doute la com-

Pâle, maigre et griffu, le vampire folklorique est dépourvu de toute aura séductrice. Ici Max Schreck dans le film NOSFERATU LE VAMPIRE *de F. W. Murnau, 1922.*

◆

pétence des commissions du consistoire d'Olmütz, qui la plupart du temps ne comprenaient pas d'autorités médicales aptes à apprécier l'état des corps et qui, de toute façon, ne laissaient pas aux cadavres le temps de se putréfier. Van Swieten ajoute encore que la conservation des corps peut être un phénomène naturel, en cas de grands froids, de cercueils hermétiques (plomb recouvert d'étain) ou en présence de sols de composition particulière (terres arsenicales). Il en conclut que les commissions avaient agi avec une grande légèreté, incompatible avec le niveau intellectuel de ses membres, et s'étaient rendues coupables d'entretien de terreur populaire, de croyance démoniaque, de violation de sépultures et de discrédit jeté sur les défunts et leurs familles.

Suite à ce rapport, l'impératrice ôta tout pouvoir aux autorités locales en matière de magie posthume, toute décision devant provenir de représentants officiels du gouvernement central. Par ailleurs, fort de l'argumentation scientifique de ce rapport, le pape Benoît XIV envoya une lettre aux archevêques des régions concernées, leur demandant de mettre fin aux agissements des prêtres impliqués, rappelant que la conservation des corps n'était pas un prodige. Ces mesures eurent-elles l'effet escompté ? Toujours est-il que les commissions et les procès se raréfièrent, la terreur vampirique s'épuisa et l'épidémie disparut rapidement dans la deuxième moitié du XVIIIe siècle.

Le vampire dans le folklore d'Europe orientale

Les principales caractéristiques folkloriques des vampires se retrouvent dans les descriptions des ouvrages suscités par l'épidémie vampirique. Elles sont influencées par des croyances théologiques remontant à l'Antiquité, par certains attributs des démons gréco-romains et des loups-garous d'Europe occidentale, et peut-être par certains éléments de l'histoire de Vlad Tepes, voire par quelques symptômes des porphyries (voir “Aspects médicaux du vampire”) ou par des comportements pathologiques (voir “Aspects psychiatriques du vampire”).

Le vampirisme actif résulte de la non-libération de l'âme après la mort et constitue donc une manifestation de damnation. Le phénomène concerne dès lors plus particulièrement les excommuniés, les suicidés, les enfants morts-nés (non baptisés) et toute personne qui, durant sa vie, a commis des péchés mortels ou des actes abominables, s'est adonné à la magie noire ou a conclu un pacte avec le diable (sorciers, loups-garous…).

Le vampirisme actif peut donc être la manifestation d'une manipulation démoniaque, d'un châtiment éternel ou d'une revendication du corps pour la paix de l'âme et pour son repos, voire à l'inverse pour sa survie indépendante. Les signes de prédisposition au vampirisme actif correspondent aux signes habituels de mauvais augure : enfants nés

Le meilleur moyen de se débarrasser d'un vampire consiste à lui planter un pieu en plein cœur, ce qui entraîne sa décomposition immédiate. "La fin du vampire", lithographie de R. de Moraine pour LES TRIBUNAUX SECRETS, *XIXe siècle.*

◆

coiffés, enfants nés avec des dents, angiomes, malformations congénitales, sourcils qui se rejoignent, cheveux roux. Comme il en va de tout événement hors du commun, certains de ces signes sont parfois au contraire considérés comme favorables.

Le vampire actif a le teint pâle, les oreilles pointues, une bouche et des lèvres rouges, une haleine putride, des longs ongles griffus. Froid, maigre et poilu, il sort la nuit de son tombeau, profitant de craquelures du sol ou se transformant en brouillard et va sucer le sang des vivants, en particulier des habitants de son village et des membres de sa famille. Parfois il peut simplement les affoler en entravant leur respiration par compression durant leur sommeil, en les rudoyant, en réclamant à manger ou en se livrant à des saccages. Il appelle les gens la nuit et cet appel est mortel.

Il peut également s'attaquer aux animaux dont la viande devient alors contaminante. S'il peut se manifester en dehors des nuits de pleine lune, à la différence du loup-garou, il reprend vigueur durant celles-ci. Il réintègre en général son cercueil à l'aube, mais il peut vaquer jusqu'à midi. Très fort, très rapide, sa vision nocturne est excellente et il peut se transformer en un animal quelconque (mais pas forcément en chauve-souris).

Le vampire revient volontiers fréquenter son ancienne épouse (ce qui explique une certaine méfiance envers les veuves), celle-ci donnant alors le jour à un enfant sans os. Le mort qui revient visiter l'être aimé est un thème classique : il se retrouve entre autres dans *Lenore* de Bürger, *La Fiancée de Corinthe* de Goethe, *La Marquise d'O* de Kleist, *Ligeia* et *Morella* d'Edgar Poe ou *Véra* de Villiers de l'Isle-Adam et illustre que l'amour est plus fort que la mort. Par ailleurs, l'enfant né de l'accouplement d'un vampire avec une vivante, appelé *dhampire*, *vampiric* ou *vampirovitch* suivant les régions, a la faculté de voir les vampires non matérialisés et de se racheter de ses origines en aidant les hommes à les chasser, à l'instar des chiens-loups qui sont de redoutables chasseurs de loups.

Les victimes des vampires actifs sont pâles, languissantes, sans appétit et sujettes aux hallucinations. Cet état, appelé vampirisme passif, résulte de la morsure par un vampire actif ou de la consommation de viande contaminée. Après leur mort, ces victimes deviennent vampires actifs à leur tour.

Les moyens de se prémunir contre les agressions vampiriques sont nombreux mais pas toujours efficaces. Buissons d'épines, branches d'églantier, de rosier ou d'aubépine dans le cercueil empêchent le vampire de sortir, tout comme les couteaux plantés sur la tombe ou les lourdes pierres placées sur le corps, le moyen le plus efficace étant encore de clouer celui-ci.

Un effet analogue est obtenu en mettant de l'ail ou une hostie dans la bouche du défunt. Il faut par ailleurs enterrer les corps suspects loin des endroits sacrés. Le vampire craignant l'eau et le feu, on procède parfois à des fumigations autour de la tombe. Les

Le broucolaque, dont le thème semble antérieur à celui du vampire, est également un mort qui se complait à tourmenter les vivants. Peinture populaire sur bois, Roumanie.

◆

symboles sacrés (croix votive, crucifix, eau bénite, hostie) le font reculer et fuir, en raison de son origine démoniaque.

Les vivants peuvent s'en protéger par une sorte de vaccination en mangeant du pain ou de la terre mêlée à du sang de vampire ou en s'enduisant de celui-ci. Toutefois, comme toutes les vaccinations, celle-ci est sans effet si elle est pratiquée après la contamination, c'est-à-dire au stade de vampire passif, ainsi qu'en attestent de nombreuses anecdotes, dont le cas célèbre du *heiduque* serbe Arnold Paul, rapporté dans le compte-rendu publié par *Le Glâneur hollandais*.

Il convient également de protéger les habitations en y plaçant des guirlandes de fleurs, d'ail (les gousses d'ail n'apparaissent que dans le thème littéraire), des croix de bois et en répandant du goudron sur les portes, du sel et du poivre sur le sol, des épices dans la chambre à coucher. Les jeunes mariés doivent arroser leur couche nuptiale d'eau bénite et étendre du charbon d'encensoir en-dessous pour se prémunir du *nosferat*, vampire roumain qui est un enfant mort-né de parents illégitimes issus eux-mêmes de parents illégitimes et qui s'ingénie à rendre les jeunes mariées stériles et leurs époux impuissants. Il faut éviter de se retourner lorsqu'on est appelé en pleine nuit et ne répondre qu'en cas de deuxième appel. Le vampire n'appelle qu'une fois et le fait de se retourner est alors fatal.

La chasse au vampire s'effectuera durant le jour, car il est alors inoffensif et gît dans sa tombe, autour de laquelle la terre est parfois encore meuble. Dans certaines régions, on fait monter un jeune homme vierge sur un étalon n'ayant jamais sailli et on le fait passer sur toutes les fosses du cimetière. L'animal est censé s'arrêter devant la tombe suspecte. Une fois le cercueil ouvert, le vampire se reconnaît à des stigmates tels que l'absence de putréfaction du corps, la pousse des ongles et des cheveux, le faciès rubicond ou le sang sortant de la bouche et des oreilles. Autant le vampire est pâle et maigre durant ses quêtes nocturnes, autant il est rose et replet après s'être sustenté.

Après que le vampire ait été surpris dans sa tombe en plein jour, il faut s'en débarrasser définitivement. Si on a parfois recours à des incantations, à des prières, à la levée de l'excommunication, le moyen le plus usité et le plus radical consiste à lui enfoncer un clou dans la tête (afin d'y détruire l'âme ?) et un pieu dans le cœur (souvenir des pals de Vlad Tepes, valeur expiatoire). Pour éviter toute effusion de sang contaminé, on le recouvre parfois de paille au préalable. Ensuite, le cœur est extrait, la tête tranchée, le tout brûlé, après quoi les cendres sont répandues alentour.

Il existe deux importantes variantes du vampire slave qui sont à la fois ses cousins et ses ancêtres : le broucolaque grec et le mulo tzigane. Le broucolaque (ou *vroucolaque*, *vroudalak*, *vukodlak*), vraisemblablement antérieur au vampire, est également un mort damné non putréfié, qui sort de sa tombe

Parmi les victimes des vampires figurent vraisemblablement certains individus sujets à des angoisses nocturnes avec hallucinations spectrales. Dessin de F. de Goya pour Les Caprices *(1798) : "Le sommeil de la raison produit les monstres".*

tourmenter les vivants, mais il ne leur suce pas le sang, se contentant de leur jouer des tours espiègles, de saccager leur maison et de vider leur garde-manger et leur cave à vin. Par ailleurs, il n'a pas de prédilection particulière pour la nuit. Le broucolaque est cependant loin d'être inoffensif : son appel unique est mortel et il peut même tuer à distance.

Au XVIIe siècle, sous l'influence du vampire slave, le broucolaque sortira plus souvent de nuit et sucera également le sang des vivants. Pitton de Tournefort recueillit de nombreuses anecdotes concernant les broucolaques et fut lui-même témoin de rituels villageois.

Le mulo tzigane est le double de l'homme mort. Son point d'attache est le tombeau du défunt, à partir duquel il peut voyager fort loin, ses déplacements étant instantanés. Il doit en général rejoindre son tombeau au chant du coq, mais vaque parfois en plein jour. Il peut, comme le broucolaque, être terriblement facétieux ou implacablement maléfique. S'il est occasionnellement suceur de sang, il est surtout motivé par un redoutable appétit sexuel.

Signalons enfin que les zombis haïtiens n'ont aucun rapport avec les vampires, les broucolaques ou les mulé. Dans les légendes vaudou, il s'agit de morts victimes d'envoûteurs qui les animent afin de les utiliser comme main-d'œuvre gratuite, comme esclaves dépersonnalisés. En réalité, il semble plutôt s'agir de personnes droguées par des sorciers locaux, enterrées dans un état cataleptique puis récupérées par ceux-ci pour être asservies.

Aspects médicaux du vampire

Le substrat médical de certaines manifestations vampiriques figurait déjà dans le rapport du docteur Van Swieten (voir "L'épidémie vampirique du XVIIIe siècle"). Rappelons que les visions nocturnes sont des manifestations de spectropathie, angoisse du néant et peur de la nuit se manifestant par un sentiment d'oppression et des hallucinations spectrales. Comme toutes les peurs, elle est très contagieuse, ce qui explique le caractère épidémique des visions.

La conservation des corps peut être liée à diverses causes naturelles énumérées par Van Swieten. Par ailleurs, la mort apparente avec enterrement prématuré peut résulter de nombreuses causes médicales dont la crise de catalepsie ou d'épilepsie de type petit mal et l'arrêt cardiaque transitoire.

Le vampirisme a parfois été interprété, dans la littérature médicale, comme une représentation symbolique de la peste ou de la rage humaine, cette dernière pouvant, bien que rarement, se caractériser par un comportement délirant et agressif avec morsures et errance, mais les cas sont sporadiques. Le vampire a, comme le loup-garou, la réputation de provoquer des cataclysmes (épidémies, inondations, famines) et de manifester

Les mentions de cas de vampirisme étaient particulièrement fréquentes en période d'épidémie, sans doute en relation avec certains enterrements hâtifs. L'INHUMATION PRÉCIPITÉE, *peinture d'A. Wiertz,* XIXe *siècle.*

◆

une activité recrudescente durant les épidémies de peste. Il faut cependant remarquer qu'en période d'épidémie, les corps sont enterrés précipitamment, ce qui augmente le risque d'inhumation prématurée. Les corps couverts de sang et de blessures découverts dans des cercueils saccagés et témoignant des efforts accomplis par les malheureux pour en sortir, pourraient avoir été interprétés comme des signes de "vampirisme actif". Par ailleurs, certains symptômes attribuables à la peste – pâleur, apathie, fièvre, hallucinations – pourraient correspondre à ceux des victimes atteintes de "vampirisme passif".

Mais le personnage du vampire lui-même a-t-il, comme le loup-garou, un lien quelconque avec les porphyries ? Bien que subtile, l'existence de ce lien a été argumentée par David Dolphin, professeur de chimie à la British Columbia University (1985).

Tout d'abord, le physique du vampire a des points communs avec celui du loup-garou dont l'origine pourrait être la porphyrie : pâleur (anémie), pilosité (hypertrichose), canines acérées (déformations dentaires), dents et lèvres rouges (dépôts de porphyrines). Tout comme le loup-garou, le vampire ne sort que la nuit (photosensibilité) et manifeste un comportement anormal (troubles nerveux). D'autres arguments peuvent être envisagés : les contreforts des Carpates, berceau du vampirisme, sont des régions où l'incidence des porphyries est relativement élevée en raison de la fréquence des mariages consanguins, ce qui favorise les maladies héréditaires. De surcroît, l'isolement géographique de ces régions crée les conditions de vase clos favorables au développement local de légendes interprétatives.

Il faut également rappeler que la saignée est le traitement habituellement prescrit lors des crises de porphyrie ; l'effet bénéfique aurait été découvert par certaines familles porphyriques des Balkans, dont les membres se faisaient des saignées qu'ils compensaient par la consommation de sang de bétail. Dans ce contexte, la succion représenterait la saignée et le pieu en plein cœur symboliserait le geste thérapeutique salvateur.

Enfin, de nombreuses drogues peuvent provoquer les crises de porphyries, et une substance ayant cette propriété a été identifiée par Dolphin dans l'ail, connu pour éloigner les vampires. Ceci est à rapprocher d'une légende balkanique, recueillie par Eliott O'Donnell, qui évoque l'existence d'une fleur lycanthropique transformant en loup-garou celui qui la consomme. On peut émettre l'hypothèse que cette fleur, d'odeur fétide, pourrait être de la famille des ails, et donc déclencher une crise de porphyrie, tout comme ces "végétaux puissants" par le secours desquels Moeris, le protagoniste de Virgile, se transforme en loup.

Aspects psychiatriques du vampire

Dans le langage courant, le terme "vampirisme" désigne également, par un processus d'extension analogique, le grand sadisme avec monomanie homicide et toutes les formes de nécromanie. Il semble que les affinités de Jack l'Eventreur avec Vlad l'Empaleur et son influence sur la création du personnage du comte Dracula aient joué un rôle dans cet emploi sémantique particulier du terme vampire (voir plus loin).

Il a par ailleurs déjà été fait allusion à des meurtriers sadiques et nécromanes. Certains procès de loups-garous de la Renaissance concernaient en réalité des assassins accusés de monomanie homicide, grand sadisme, perversité sexuelle et nécromanie (Gilles Garnier, Pierre Stumf, Clara Geissler). La plus grande confusion régnant dans la nosologie de ces diverses monomanies, il paraissait utile, sans entrer dans les détails psychiatriques, de proposer une classification simple, celle de Roland Villeneuve.

La fascination fantasmatique du sang, du sexe, de la violence et de la mort est présente chez tout individu ; elle est neutralisée par de nombreux exutoires (sport, sexualité, projection ou voyeurisme intellectuels tels que cinéma, théâtre, lecture...). Chez certains cependant, cette fascination prend des dimensions pathologiques qui les amènent à rechercher un plaisir sexuel ou sadique à la vue du sang, de la violence ou de la mort (monomanie platonique). Dans des cas extrêmes, ce n'est que la participation active à des actions violentes, sanglantes, meurtrières ou nécromanes qui leur procure le plaisir sexuel ou sadique (monomanie active), s'accompagnant parfois de fétichisme avec conservation de reliques de leurs victimes.

Des êtres prédisposés par divers facteurs (hérédité, éducation, environnement, maladie mentale ou organique, refoulement sexuel ou sadique, pulsions morbides, idiotie, infantilisme) peuvent donc, parfois suite à un choc émotionnel résultant d'un spectacle évocateur, passer du fantasme à l'action, spontanément ou par imitation.

On peut ainsi distinguer parmi ces maniaques différentes catégories suivant qu'ils s'attaquent aux vivants (grands assassins) ou aux morts (nécromanes), qu'ils recherchent une volupté sexuelle ou un plaisir sadique, qu'ils attentent à l'intégrité corporelle d'autrui ou se contentent d'un environnement visuel approprié. Il va de soi que la plupart d'entre eux, même s'ils sont polarisés sur une manie particulière, en viennent parfois à élargir leur champ d'actions : des maniaques platoniques peuvent passer à l'acte, des sadiques violer les cadavres de leurs victimes, des nécrophiles s'attaquer à des vivants, des fétichistes macabres tuer pour enrichir leur collection.

Suivant que le plaisir sadique ou la jouissance sexuelle prédomine, on distingue parmi les grands sadiques les éventreurs et

Un diagnostic de porphyrie a été avancé pour certains aspects du vampirisme. Le traitement de cette maladie étant la saignée, les ponctions sanguines thérapeutiques étaient censées être compensées par la consommation de sang de bétail. "Les buveurs de sang", de J.-F. Gueldry, XIXe siècle.

◆

Gilles de Rais est le prototype des grands assassins assoiffés de sang, motivés par des pulsions sadiques ou sexuelles. Par analogie, on les désigne par le terme "vampires". "Le supplice de Gilles de Rais en 1440", miniature copiée par le président Bouttier.

◆

les assassins par volupté. Les éventreurs sont des monomanes homicides poussés par une compulsion sadique et criminelle, qui tirent essentiellement leur plaisir de l'assassinat sanglant, de l'égorgement, de l'éventration, du dépeçage, des mutilations et de l'ablation d'organes qu'ils gardent parfois en souvenir. Leurs victimes sont de préférence des femmes et des enfants. Les plus célèbres d'entre eux furent Jack l'Eventreur et ses principaux émules, Joseph Vacher (l'Eventreur du Sud-Est, Vienne, en France) et Peter Kürten (le Vampire de Düsseldorf). Ils ont comme ancêtres les grands assassins de la Renaissance condamnés pour lycanthropie : Gilles Garnier, Pierre Stumf, Clara Geissler ainsi que le vampire Vlad l'Empaleur. S'ils tirent l'essentiel de leur plaisir de violences sadiques, ils s'adonnent parfois à l'assassinat par volupté (Joseph Vacher, Peter Kürten, Vincenzo Verzeni), à la nécrophilie (Joseph Vacher), au nécrosadisme (Joseph Vacher) ou même à l'anthropophagie (Joseph Vacher, Vincenzo Verzeni). La littérature policière et le cinéma abondent d'exemples de ces vampires grands assassins, appelés aussi *serial killers* (voir "Métamorphose littéraire du vampire").

A la différence des éventreurs, les assassins par volupté ne recherchent pas le plaisir sadique, mais la jouissance sexuelle associée, directement liée à l'assassinat et à la vue, voire au goût du sang. La forme la plus bénigne se retrouve chez certains névrosés qui éprouvent une sensation orgasmique à la vue ou au goût du sang, intimement liée à un plaisir sexuel sadomasochiste mêlant cruauté et volupté. Il en va ainsi de certaines femmes assidues des corridas et des combats de boxe, qui se délectent à la vue du sang ; ou des personnes mordant, griffant, piquant ou tailladant au sang leurs partenaires, la vue et le goût du sang redoublant leur ardeur sexuelle.

Ces cas paranormaux mais néanmoins inoffensifs sont appelés vampires idéalistes par Roland Villeneuve en raison de leur analogie avec les vampires culturels et de leur incapacité, en général, de tuer pour satisfaire leurs besoins. Des exemples littéraires se retrouvent bien entendu dans toute l'œuvre du marquis de Sade, mais aussi chez de nombreux écrivains germanophones (Heinrich von Kleist, Leopold von Sacher-Masoch, Hanss Heinz Ewers, Karl Hans Strobl) et dans la revue américaine *Weird Tales* ou les romans de la série *Gore*.

Bien plus dangereux sont les assassins par volupté qui n'hésitent pas à commettre des meurtres sanglants pour assouvir leurs désirs sexuels morbides et dont les victimes sont en général des femmes et des enfants. Néron, Tibère, Charles le Mauvais, Gilles de Rais et Pierre le Grand sont des exemples bien connus. Ils sont souvent mégalomanes, se vantant de leurs crimes, et plus intelligents que les éventreurs.

Gilles de Rais connut un destin posthume semblable à ceux de Richard III et Vlad Tepes : amplification, mythification, bien que

le rapprochement avec Barbe-Bleue soit souvent contesté, transposition littéraire (*Là-bas* de Joris-Karl Huysmans) et enfin, récemment, tentative de réhabilitation historique.

Volontiers fétichistes, les assassins par volupté aiment à garder des souvenir anatomiques de leurs victimes, tel Reginald Christie qui attirait chez lui des prostituées clandestines, les étranglait, les violait en pleine agonie et conservait certaines pièces pour sa "collection".

Certains maniaques préfèrent se polariser sur ce fétichisme particulier ; on appelle ainsi "névrose d'Antinéa" (d'après le personnage de *L'Atlantide* de Pierre Benoît) l'assassinat à but fétichiste dont un exemple littéraire moderne se trouve dans *La Logeuse* de Roald Dahl.

Si les assassins par volupté en viennent parfois à la nécrophilie (quand la victime trépasse avant ou pendant le viol), il est exceptionnel qu'ils s'adonnent à la nécrophagie ou à la consommation de sang.

La nécromanie est une perversion se manifestant par l'attrait pour les cadavres afin d'en tirer un plaisir sexuel (nécrophiles) ou sadique (nécrosadiques). La découverte de tombes profanées résultant de cette perversion aurait pu être interprétée dans certaines régions comme une manifestation de vampirisme.

La nécrophilie platonique est une forme bénigne qui se rencontre chez certains maniaques incapables d'avoir réellement des relations sexuelles avec un cadavre mais qui recherchent un environnement macabre. Les exemples sont multiples, tels les amateurs de veuves (de préférence séduites le jour de l'enterrement), de bordels spécialisés ou de prostituées en deuil (voir maquillées en mortes), les personnes qui jouissent préférentiellement en présence d'un mourant (névrose utérine) ou d'un cadavre (Juliette du marquis de Sade), dans un cercueil (Sarah Bernhardt) ou dans une morgue (certains libertins des XVIIIe et XIXe siècles).

Cette nécrophilie platonique s'accompagne parfois de fétichisme macabre avec conservation du cadavre momifié de l'être aimé, tels les cas de Jeanne la Folle (ceux d'Hérode et Charlemagne sont douteux), de Norman Bates (*Psychose* de Robert Bloch et Alfred Hitchcock) ou de la protagoniste de la très belle nouvelle de William Faulkner, *Une rose pour Emily*.

La nécrophilie platonique refoulée se manifeste chez certains écrivains par une sublimation poétique. Le cas le plus célèbre est celui d'Edgar Poe, qui faisait une fixation sur le cadavre de sa mère et recherchait la sexualité auprès de personnes malades ou affaiblies.

Son œuvre littéraire, qui rejoint le morbide et le macabre par-delà le grotesque et l'arabesque, abonde de stigmates caractéristiques tels les amantes qui s'étiolent, les cadavres en putréfaction, les visites de cimetières, les enterrements prématurés, la nécrophilie ou le nécrosadisme (*Bérénice*, *Ligeia*, *Morella*, *La Chute de la maison Usher*,

Le personnage légendaire de Barbe-Bleue serait inspiré de Gilles de Rais, mais cette interprétation est actuellement contestée. Gravure de Gustave Doré pour LES CONTES DE PERRAULT, *XIXe siècle.*

◆

Les nécrophiles sont également appelés vampires bien qu'il s'agisse de vivants venant tourmenter les morts, et non l'inverse. "Tantale", dessin de F. de Goya pour LES CAPRICES, 1798.

◆

Le Portrait ovale). Un autre exemple est celui de Théophile Gautier qui exprime dans son œuvre une obsession nécrophile (*La Morte amoureuse*, *Arria Marcella*, *Omphale*, *Spirite*) avec manifestations fétichistes (*Le Roman de la momie*, *Le Pied de la momie*). Par ailleurs, les œuvres de Kleist (*La Marquise d'O*), Barbey d'Aurevilly (*Léa*), Maurice Barrès (*Un amateur d'âme*) et Montherlant (*Les Lépreuses*) offrent des exemples littéraires de personnes recherchant, à l'instar d'Edgar Poe, le contact charnel avec diverses languissantes.

A côté de cette nécrophilie platonique innocente, il existe une forme perverse active qui pousse certains maniaques à rechercher les relations sexuelles avec des cadavres. Ces nécrophiles se recrutent souvent dans les professions associées à la manipulation des corps : fossoyeurs, gardiens de cimetières ou de morgues, embaumeurs. Sur le plan psychique, ce sont des timides qui agissent discrètement, des demeurés, des inhibés sexuellement infantiles, à l'opposé donc des assassins par volupté. Ils seraient incapables d'assassiner, comme ceux-ci, pour satisfaire leurs besoins morbides.

Les nécrophiles emmènent volontiers des cadavres ou des morceaux de cadavres chez eux. Le fétichisme macabre diffère de la névrose d'Antinéa car jamais un nécrophile ne tuera pour enrichir sa collection, celle-ci étant dans le strict prolongement de son activité principale ; cependant certains nécrophiles s'adonnent occasionnellement à la nécrophagie. Le nécrophile le plus célèbre fut sans doute le fossoyeur français Victor Ardisson, surnommé le vampire du Muy (Var), qui viola une centaine de cadavres féminins et ramenait chez lui quelques-unes de ses bien-aimées. Il passe à la postérité grâce à une douteuse chanson-complainte de Jean Bal : *Le Vampire de Muy* sur l'air de *La Paimpolaise*.

La littérature est riche d'exemples de nécrophilie : outre Théophile Gautier et Edgar Poe, déjà cités, on peut mentionner Charles Baudelaire (*Le Vampire*), Hanns Heinz Ewers (*La Fin de John Hamilton Llewelyn*), Maurice Barrès (*Le Jardin de Bérénice*), Pierre Boileau (*Le Vampire*), Belen (*Le Plaisir solidaire*, où la profanée est narratrice) et Clifford Martin Eddy Jr (*Le Nécrophile*) qui fit scandale en 1924, même dans le contexte de la revue *Weird Tales*, mais dont les audaces apparaissent bien pâles à côté des romans *Gore* actuels.

Le nécrosadisme est une perversion plus rare, qui ne se manifeste pas par un désir érotique macabre mais par une pulsion sadique focalisée sur les cadavres. Ces maniaques éprouvent un plaisir sadique au démembrement et à la mutilation des corps. L'exemple le plus connu est celui du sergent Bertrand, qui profanait les tombes des cimetières parisiens au siècle dernier. Guy Endore en a fait un loup-garou et l'a replacé dans le cadre de la Commune dans son remarquable roman *Le Loup-garou de Paris*. C'était peut-être lui faire trop d'honneur. Un

autre exemple littéraire, dans le cadre cette fois de la guerre franco-prussienne, est *La Salamandre vampire* de Léon Bloy. L'œuvre du marquis de Sade est bien entendu riche en exemples de nécrophilie ou de nécrosadisme, tout comme la revue *Weird Tales* et les romans de la série *Gore*.

Si l'on excepte l'anthropophagie rituelle ou traditionnelle, qui existe encore dans certaines régions, et les cas purement alimentaires liés aux situations de famine (tels certains loups-garous de la Renaissance), la consommation de chair ou de sang humains apparaît comme une des perversions des plus déroutantes. On peut distinguer parmi ces nécrophages les malades mentaux graves, qui présentent parfois un tableau de compulsion bestiale (voir « La lycanthropie psychiatrique »), et les grands criminels anthropophages, qui se délectent des victimes de leurs agressions tels Blaise Ferrage, le berger pyrénéen, ou Haarmann, le boucher de Hanovre.

A côté de ces amateurs de chair humaine, transposition psychiatrique des goules orientales, il y a ceux que leurs goûts prédestinent à la consommation de sang. Véritables vampires vivants, ils sont à distinguer des assassins par volupté et des névrosés qui éprouvent une jouissance sexuelle à la vue ou au goût du sang, dans la mesure où c'est la soif de sang elle-même qui les anime, et non une pulsion érotique. En quelque sorte, les premiers sont la transposition psychiatrique des vampires folkloriques slaves et les seconds, celle des vampires littéraires anglais. Il est possible que certains de ces malades aient contribué à l'élaboration de la légende vampirique. Certains exemples littéraires sont cités plus loin (voir "Métamorphose littéraire du vampire").

Le plus célèbre de ces amateurs de sang humain fut John Haigh, le vampire de Londres, personnage charmant, élégant, pianiste de talent, qui séduisait ses victimes par une cour romantique avant de les assassiner, de se repaître de leur sang à l'aide d'une paille et de les faire disparaître dans un bain d'acide sulfurique. Ce vampire mondain, digne successeur de Lord Ruthven (voir plus loin), avait découvert sa passion lors d'un accident où il avait été amené à lécher son propre sang.

A côté de ce cas peu ordinaire, de nombreux assoiffés plus inoffensifs n'iraient jamais jusqu'à l'assassinat et se contentent de boire leur propre sang ou celui de protagonistes consentants.

Enfin, il faut également mentionner ceux qui boivent du sang pour le maintien de leur santé ou de leur jeunesse. La consommation de sang de bétail à cet effet, avec fréquentation assidue des abattoirs, était fort répandue jusqu'il y a peu. Louis XI, Innocent VIII et le comte de Charolais semblent ne pas s'être contentés à cet effet de sang animal, mais avoir également goûté à celui de jeunes enfants.

Plus spectaculaire est le cas de la comtesse Erzsébet Bathory, qui au début du XVIIe

Le thème du triomphe de l'amour sur la mort est universel. Il s'exprime parfois dans la littérature par la conservation du cadavre de l'être aimé ou par sa réapparition spectrale. "Le vice suprême", dessin de Félicien Rops.

◆

Le sergent Bertrand, célèbre nécrophile du XIXe siècle, s'adonnait aussi au nécrosadisme. "Le vampire", illustration pour LES MÉMOIRES DE MR CLAUDE, *1857.*

◆

La comtesse Erzsébet Bathory avec une de ses futures victimes. Paloma Picasso joue le rôle du personnage sanguinaire dans LES CONTES IMMORAUX *de W. Borowczyk.*

◆

siècle, en Hongrie, dans un château situé dans les contreforts des Carpates, faisait assassiner des jeunes filles pour se baigner dans leur sang et le boire, source de jeunesse qui avait, à ses yeux, plus de valeur que les bains de lait d'ânesse chers aux femmes de l'Antiquité. Elle fut jugée et condamnée à vivre recluse emmurée dans sa chambre, ne devant qu'à sa parenté avec la famille royale d'échapper à la peine de mort. Dans la région de ses forfaits, des rumeurs circulèrent après sa mort prétendant qu'elle revenait la nuit dans son château abandonné pour se livrer à ses douteuses pratiques. Elle contribua sans doute à certaines légendes vampiriques et influença probablement Joseph Sheridan Le Fanu pour le personnage de Carmilla.

Comme on le voit, la réalité peut dépasser largement la fiction dans le domaine de l'horreur. Cette incursion de l'autre côté du miroir dans le monde des perversions humaines illustre les différences entre monstres mythologiques et monstres psychiatriques.

Les loups-garous et les vampires culturels créent une terreur salutaire, défoulante, libératrice et qui n'est jamais prise au sérieux. Les vampires humains — sadiques, assassins, nécromanes —, loin d'être comiques, engendrent une terreur malsaine qui tient tant à la nature de leurs méfaits qu'à leur appartenance à l'espèce humaine. Monstres psychiatriques et monstres culturels ne sont cependant pas antinomiques, les premiers passant parfois à l'acte par imitation fantasmatique des seconds, et les seconds étant le fruit de légendes folkloriques dont certains éléments sont empruntés aux premiers.

Métamorphose littéraire du vampire

Le vampire traditionnel, tel qu'il apparaît dans le folklore d'Europe centrale et orientale, diffère notablement du personnage fascinant que le cinéma a magnifié : il est laid, répugnant, dénué de distinction et de pouvoir de séduction, sans grand caractère et ne fait preuve d'aucun besoin sexuel. Ses lieux de prédilection n'ont rien de pittoresque et ses victimes font en général partie de sa famille ou de son village. Il n'est pas exclusivement suceur de sang, se contentant parfois de saccages ou de tourments. Par ailleurs, les cas rapportés sont presque toujours masculins.

Ce prototype folklorique va subir une métamorphose littéraire au XIXe siècle, suivie au XXe siècle d'une diffusion cinématographique du modèle littéraire. Cette métamorphose sera donc paradoxalement à la fois restrictive, en imposant un stéréotype déterminé, et amplifiante, en lui conférant un potentiel attractif inexistant antérieurement.

En revanche, les démons succubes et les ancêtres du vampire sont essentiellement féminins et motivés tant par la séduction et la sexualité que par la voracité sanguinaire. Peut-être l'influence du loup-garou a-t-elle

contribué à masculiniser le vampire folklorique et à l'orienter davantage vers la violence sanglante que vers les pulsions érotiques ? Il en résultera une différence fondamentale entre les vampires féminins et masculins lorsque le thème vampirique apparaîtra dans la littérature au XIXe siècle : les femmes vampires, peu influencées par le folklore, se placeront dans la continuité littéraire des succubes et autres ancêtres dont elles garderont la beauté fatale (à l'instar de certaines louves-garous), tandis que les hommes vampires devront, eux, se dégager progressivement du modèle folklorique peu attractif et subir une métamorphose pour acquérir le charisme nécessaire à leur persistance culturelle ; à l'inverse du loup-garou masculin, resté proche du folklore, ce qui expliquerait la pauvreté qualitative du thème lycanthropique par rapport au thème vampirique dans la littérature.

Le thème vampirique nécessite de ce fait une analyse plus étendue que celui du loup-garou ; celle que nous présentons envisagera d'abord l'évolution chronologique de la métamorphose littéraire du vampire au XIXe siècle, qui aboutit au modèle culturel illustré par Dracula, et ensuite les variantes thématiques de ce modèle dans la littérature du XXe siècle.

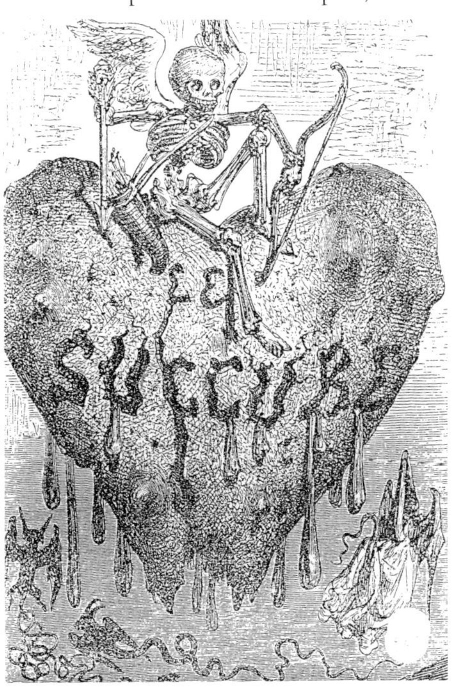

Sur le plan littéraire, Horace (lamies), Ovide (striges), Lucien de Samosate (onoscèles), Philostrate (empuse), Phlegon de Tralles (morte revenant sur terre fréquenter son fiancé) ont donné aux démons féminins de l'Antiquité leurs lettres de noblesse. Les goules ont, quant à elles, été immortalisées dans de nombreux récits des *Mille et Une Nuits*.

L'influence culturelle de ces archétypes est variable : si les récits classiques de Philostrate et de Phlegon de Tralles ont été maintes fois repris, seules les goules et dans une moindre mesure les lamies ont connu un réel développement littéraire, plus discret cependant que celui des loups-garous et des vampires.

Les démons féminins vont néanmoins connaître une période littéraire faste au début du XIXe siècle, sous l'impulsion du romantisme naissant : tour à tour Goethe (*La Fiancée de Corinthe*, 1797, d'après Phlegon de Tralles), Jean Potocki (*Le Manuscrit trouvé à Saragosse*, 1804, qui présente

La "vampire" des célèbres CONTES FANTASTIQUES *d'Hoffmann est en fait une goule, inspirée des* MILLE ET UNE NUITS. *Illustration de Camille Roger.*

◆

Les récits de démons féminins connurent un vif engouement littéraire au début du XIXe siècle. La "goule" qui figure ici présente des traits de lamie. "La goule fort occupée à manger le cœur d'une jeune mariée", Hadol, illustration pour LE MONDE FANTASTIQUE, *1874.*

◆

"Le succube" de Balzac est une créature romantique emblématique, à la fois vampire, lamie, strige, goule et succube. Gravure de Gustave Doré pour LES CONTES DROLATIQUES, *XIXe siècle.*

◆

Dans la littérature, les premières femmes vampires, telles Clarimonde ou Carmilla, ont gardé la dimension érotique des démons féminins. Elles diffèrent donc d'emblée des vampires folkloriques. "Vampire fellatrice", par E. Drouin.

◆

d'une part une transposition de Philostrate, et d'autre part des succubes appelées vampires), Samuel Taylor Coleridge (*Christabel*, 1816, succube), John Keats (*Lamia*, 1820, d'après Philostrate) et Hoffmann (*Hyänen*, 1821, nommée à tort vampire dans la traduction française alors qu'il s'agit d'une goule) vont évoquer les attraits irrésistibles de leurs charmes et les affres de ceux qui s'y abandonnent.

Cet engouement se retrouve dans la littérature française du XIXe siècle puisque Victor Hugo (*Les Orientales*, 1829, goules), Honoré de Balzac (*Les Contes drolatiques*, 1833, succube), Charles Baudelaire (*Les Métamorphoses du vampire*, 1866, succube), Anatole France (*Les Noces corinthiennes*, 1876, d'après Phlegon de Tralles) et Marcel Schwob (*Les Striges*, 1891) s'y laisseront entraîner.

Le vampire masculin étant entre-temps apparu en 1819 dans la littérature, la variante vampirique de ces démons féminins va voir le jour avec deux chefs-d'œuvres du genre: *La Morte amoureuse* de Théophile Gautier (1836) et *Carmilla* de Joseph Sheridan Le Fanu (1872), d'une richesse remarquable. Rien ne résiste à ces deux femmes fatales, extraordinairement belles et de surcroît éprises de leur victime qui le leur rendent bien. Clarimonde, la morte amoureuse, séduit le prêtre Romuald qui lui abandonne sa vertu, sa réputation et son sang. Carmilla, dont la nature vampirique est révélée progressivement, jette son dévolu sur Laura, la châtelaine de Styrie, qui lui donne son amour et son fluide vital. Il est étonnant que, malgré le caractère tendrement saphique de la relation qui unit Carmilla à sa victime, le roman ait pu paraître en pleine époque victorienne. Les personnages de Clarimonde et Carmilla sont de fait bien plus motivés par leur passion débordante que par leur activité vampirique, qu'ils limitent au minimum énergétique nécessaire, afin d'épargner l'objet de leur amour. Cette « focalisation » particulière constitue l'une des originalités de ces deux œuvres qui comptent parmi les plus belles de la littérature vampirique.

Parmi les femmes vampires du XIXe siècle figurent également *La Baronne trépassée* de Ponson du Terrail (1853), *La Vampire* de Paul Féval (1863), la bohémienne de *Car la vie est dans le sang* de Francis Marion Crawford (1880) et surtout cette femme fatale, réincarnation vampirique d'un jeune moldave qui se donna la mort pour se venger de celui qui l'avait offensé dans *Le Baiser de Judas* d'X. L. (1894). Au XXe siècle, l'abréviation "vamp" sera utilisée pour désigner une femme fatale.

A noter parmi les premières œuvres, le thème de la vengeance sanglante d'une vampire jalouse dans *Laisse dormir les morts!* de Ernst Raupach (1823), faussement attribué à Ludwig Tieck, un des rares contes vampiriques allemands, de narration classique et d'inspiration folklorique mais sous-tendu par une sombre allégorie sexuelle.

La première apparition littéraire du vampire date de 1819, lorsque paraît à Londres

The Vampyre de John William Polidori, secrétaire de Lord Byron. Il avait rédigé cette nouvelle à partir d'une esquisse de Byron, écrite en 1816 suite à un tournoi littéraire qui avait également suscité le *Frankenstein* de Mary Shelley. Polidori y reprend certains éléments folkloriques mais traite le thème avec une grande liberté : le vampire, Lord Ruthven, y est présenté sous les traits d'un libertin voyageant à travers toute l'Europe, soutenant les joueurs, les pervers et les débauchés, séduisant les femmes pour les posséder charnellement dans tous les sens du terme. Il n'est pas interdit d'y voir une caricature de Byron lui-même car Polidori, qui ne l'aimait guère, l'avait quitté en 1817. Polidori a donc substitué au vampire traditionnel, peu attractif, un beau séducteur, mauvais mais fascinant, évoquant certains héros romantiques comme le Heathcliff des *Hauts de Hurlevent*. L'opinion de Jacques Finné suivant laquelle la métamorphose littéraire du vampire aurait débuté par la transposition du beau ténébreux des romans gothiques dans le thème vampirique est donc tout à fait pertinente. L'ouvrage de Polidori fut d'abord publié sous le nom de Byron pour tirer profit du prestige de son nom. Cette fausse attribution a effectivement été largement à l'origine du succès et de l'influence de cette nouvelle.

Après quelques œuvres inspirées du vampire de Polidori, comme *Lord Ruthwen ou les vampires* (1820) de Charles Nodier, *Histoire de la dame pâle* (1849) d'Alexandre Dumas (Nodier et Dumas écrivirent aussi des drames vampiriques dérivés de Polidori), ou *Varney* (1840), roman-feuilleton démesuré (à l'époque victorienne, les revues d'horreur bon marché, les *penny dreadfuls*, étaient extrêmement populaires), mais qui enrichit le motif de Polidori de nombreux éléments, et d'autres textes d'inspiration folklorique comme *La Guzla* (1827) de Prosper Mérimée, *Vij* (1835) de Nicolas Gogol, ou *La Famille du Vourdalak* (1847) d'Alexis Tolstoï, le vampire va connaître la deuxième phase de sa métamorphose littéraire avec le célébrissime *Dracula* de Bram Stoker (1897).

Deux personnages mythiques apparaissent en filigrane derrière le comte Dracula : Vlad l'Empaleur, le voïvode de Valachie mentionné plus haut, mais également Jack l'Eventreur, digne successeur de Vlad dans le domaine du meurtre sadique, ce qui a sans doute contribué à populariser l'emploi sémantique du terme « vampire » dans le sens d'assassin sadique. En effet, dans le roman de Bram Stoker, Dracula quitte la Transylvanie pour aller commettre une série de crimes sanglants à Londres, durant l'automne d'une année non précisée de la fin du XIXe siècle. Jack l'Eventreur avait commis ses crimes en automne 1888, et l'auteur a certainement subi leur impact inconscient, tout en percevant sans doute l'intérêt commercial de l'exploitation littéraire de cette série sanglante.

Il est par ailleurs significatif que la société victorienne, hantée par le sexe et la mort, ait engendré d'une part Jack l'Eventreur, où

THE VAMPYRE de John William Polidori (1819) met en scène le premier vampire littéraire. Il se distingue du modèle folklorique par l'acquisition de certains attributs des séducteurs de la littérature gothique. Illustration anonyme du XIXe siècle représentant la découverte d'une des victimes du vampire.

◆

Dracula est à la fois l'ultime représentant de la littérature gothique et le fondement du stéréotype vampirique du XXe siècle. Illustration pour la première édition en petit format.

◆

Dans son célèbre roman DRACULA *(1897), Bram Stoker a sublimé certains fantasmes victoriens mais aussi personnels. Son personnage est inspiré du vampire folklorique, du vampire de Polidori, de Vlad Tepes et de Jack l'Eventreur. Portrait de l'auteur.*

◆

cette obsession aboutit à un phénomène de rupture brutale, et d'autre part Dracula, sublimation littéraire de cette hantise et métaphore transparente de Jack l'Eventreur. Bram Stoker lui-même est un produit caractéristique de l'éducation victorienne : sa femme se refusant à lui depuis la naissance de leur enfant, il se lance dans nombre d'exutoires en vogue à l'époque : société secrète (Golden Dawn), magie noire, occultisme, littérature fantastique et sans doute d'autres puisqu'il serait décédé de complications syphilitiques en 1912. Bram Stoker n'était pas écrivain de profession, mais régisseur de théâtre ; il adapta d'ailleurs *Dracula* pour la scène.

Pour rédiger son roman, Stoker s'est inspiré du *Vampyre* de Polidori, de *Varney* et de la *Carmilla* de Joseph Sheridan Le Fanu ainsi que d'une documentation sur le vampire traditionnel et sur Vlad l'Empaleur dont il avait pris connaissance grâce à Arminius Vambery, professeur à l'université de Budapest. Cette œuvre constitue un des ultimes avatars de la tradition gothique dont elle reprend certains éléments : châteaux isolés, cimetières, ruines, décors lugubres, cercueils, morts sanglantes, traître séduisant, victimes languissantes. Tant par ce décor que par le personnage du comte Dracula, il va contribuer à figer le mythe vampirique en un stéréotype tellement précis qu'il en deviendra incontournable.

Le comte Dracula, prolongation vampirique du voïvode Vlad Dracul, est un beau ténébreux, noble fin de race, doté d'une grande puissance de séduction et d'une aura irrésistible qu'il met au service de ses noirs desseins. Contrairement au vampire traditionnel, il se focalise sur la succion sanguine mais y ajoute deux composantes inédites. D'une part, la succion symbolise le refus de la mort et du vieillissement et la recherche de l'éternelle jeunesse : Dracula rajeunit au fur et à mesure des ponctions sanguines. La nécessité que ce sang soit celui d'une jeune vierge est une restriction cinématographique. D'autre part, les plaisir charnels viennent s'y ajouter. Dracula, en grand séducteur, s'attaque de préférence à de jeunes et jolies femmes qui assouvissent à la fois ses besoins sexuels et sa soif de sang.

Ces caractéristiques, qui en font un Don Juan nocturne attirant mais peu sympathique et apparemment insensible, ne doivent pas masquer l'aspect tragique et contradictoire du personnage : Dracula aime ses victimes, souffre de devoir leur faire du tort, mais y est contraint, poussé par une force qui échappe à son contrôle. Il se maudit et se retrouve condamné à une solitude perpétuelle, à une tristesse infinie. Par ailleurs, Jean Marigny remarque très justement : "Cette vie qui ne finit pas et qui défie la mort est-elle véritablement enviable ?" La répétition continue des mêmes activités ne peut mener qu'à la lassitude, de surcroît éternelle.

Si Dracula est plus spécifiquement nocturne que les vampires traditionnels, il

Couverture du roman « Varney the Vampire ».

Le conte Dracula use de son pouvoir de séduction pour satisfaire ses besoins sexuels autant que sanguins, le sang lui procurant l'éternelle jeunesse.
DRACULA A. D. 1972, film d'A. Gibson, 1972.

◆

VARNEY THE VAMPIRE, OR THE FEAST OF BLOOD (1840) de James Malcolm Rymer, est un roman feuilleton inspiré de Polidori.

◆

vaque aussi parfois durant la journée, mais y perd ses pouvoirs. Les vampires exclusivement nocturnes, devant impérativement regagner leur tombeau au chant du coq et qui sont réduits en cendres par les rayons du soleil, résultent d'une restriction cinématographique. Dracula peut par ailleurs voyager loin de son cercueil s'il prend la peine de se munir d' une caisse contenant de la terre de son château d'origine. C'est ainsi qu'il a quitté la Transylvanie pour aller terroriser Londres.

Jacques Finné estime que les canines acérées constituent un élément physique faisant sa première apparition dans le thème littéraire (*Varney* et *Carmilla*), bien qu'il soit plus particulièrement développé au cinéma. Dans cette optique, l'élément dentaire serait la conséquence à la fois de la focalisation des activités vampiriques sur la succion et de l'influence des caractéristiques physiques du loup-garou.

Une innovation littéraire importante est l'absence d'ombre et de reflet ; celle-ci provient vraisemblablement de traditions germaniques (voir par exemple *Peter Schlemihl ou l'homme qui a vendu son ombre* de Von Chamisso et *Le Reflet perdu* d'Hoffmann).

Dracula exerce des pouvoirs qui sont les mêmes que ceux des vampires traditionnels, mais amplifiés : il peut se transformer en divers animaux, leur commander, ainsi qu'aux éléments, qu'il est en mesure de provoquer. Il ne peut se rendre dans une maison qu'en y ayant été invité, mais une fois convié il peut y retourner à sa guise.

Les moyens préventifs restent les mêmes : symboles sacrés, branches épineuses... mais les guirlandes de fleurs d'ail vont se transformer en guirlandes de gousses d'ail, dans la littérature comme au cinéma. Quant à la procédure à suivre pour "tuer" le vampire, elle reste conforme au rituel du pieu en plein cœur, de la décapitation et de l'incinération. La littérature y ajoute les balles d'argent bénites marquées d'une croix (comme pour les loups-garous) et le cinéma les rayons du soleil.

La métamorphose du vampire en un stéréotype aussi précis, tant sur le plan du personnage que sur celui des décors, constituait une arme à double tranchant : son adaptation et sa diffusion allaient en être facilitées, mais par ailleurs, son évolution littéraire se trouvait menacée par la répétition et la sclérose. Heureusement, tandis que le cinéma diffusait scrupuleusement le stéréotype et lui assurait l'universalité, la littérature allait s'en échapper, diverses tentatives originales de renouvellement apportant au thème l'enrichissement nécessaire à sa survie. On se penchera avec fruit sur les anthologies et études d'Ornella Volta, Jacques Finné et Jean Marigny.

La fidélité à la voie classique ouverte par Dracula allait engendrer une littérature donnant des récits parfois fort bien menés, mais répétitifs et dénués d'originalité. Ainsi en va-t-il de nombreuses nouvelles de l'école Weird Tales, certes écrites avec compétence et parfois talent, mais lassantes (Carl Jacobi,

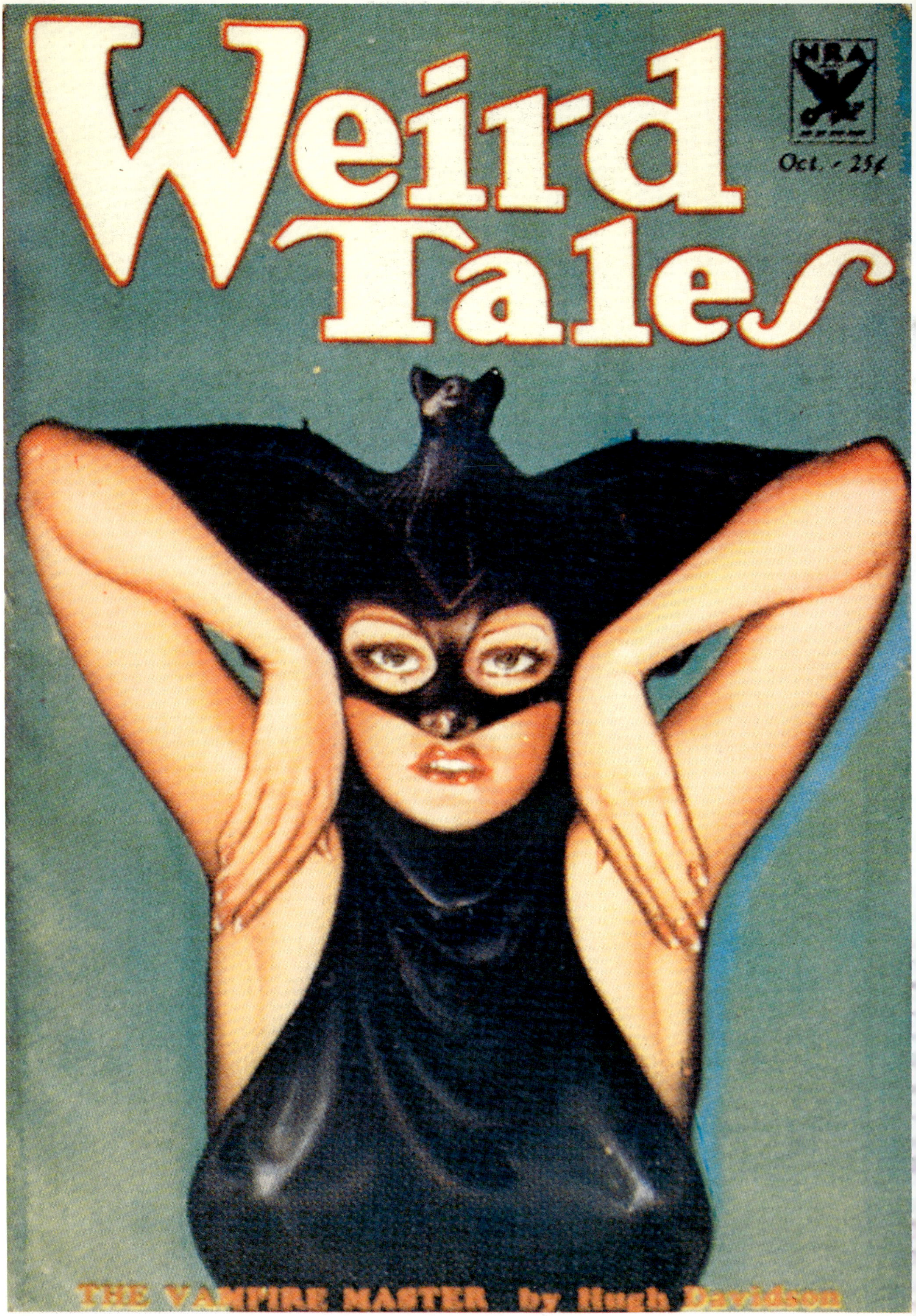
Weird Tales
Oct. - 25¢
NRA
THE VAMPIRE MASTER by Hugh Davidson

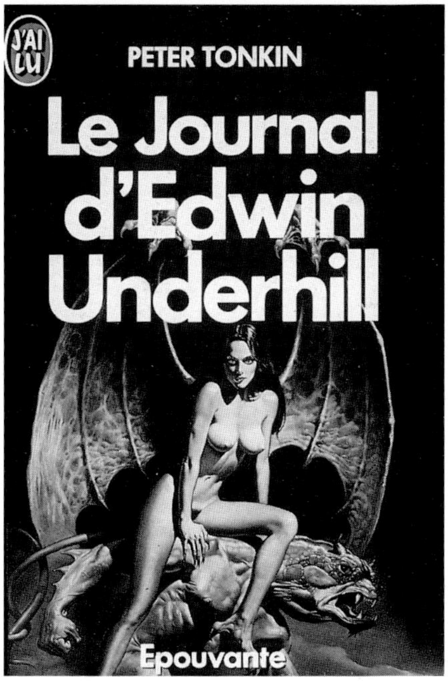

Dans certaines œuvres comme Le Journal d'Edwin Underhill, *1981, de Peter Tonkin, le vampire devient narrateur pour exprimer sa tristesse et sa solitude, ce qui lui confère une dimension psychologique originale.*

◆

La littérature vampirique du XXe siècle est souvent marquée par un manque d'originalité. Elle demeure fidèle au modèle créé par Bram Stoker, à l'image des nombreuses nouvelles de la revue américaine Weird Tales. *Illustration pour* The Vampire Master *de Hugh Davidson, 1933.*

◆

Robert Howard, Edmond Hamilton, Lester Del Rey, Augusth Derleth, Clark Ashton Smith...), la plus réussie et la plus connue étant sans doute *Le Canal* (1927) d'Everil Worrell, dont les qualités littéraires sont indéniables. Il est regrettable que la seule incursion du grand écrivain fantastique gantois Jean Ray en ce domaine (*Le Gardien du cimetière*, 1925) s'inscrive dans une perspective aussi banale, avec une unique pointe d'originalité : la vampire se contente d'assouvir ses besoins en sang sans se préoccuper de séduction et de sexualité ; en quelque sorte, un retour aux sources qui allait se retrouver dans de nombreuses œuvres soucieuses d'échapper au modèle du vampire séducteur.

Le classicisme a néanmoins fourni quelques excellents textes qui, à défaut d'un renouvellement thématique, proposent parfois un renouvellement dans la narration du récit ou dans la structure de l'intrigue : témoignent de cette tendance certaines nouvelles de Montague Rhodes James, Karl Hans Strobl, Edward Frederic Benson, Thomas Owen, Charles Beaumont, Robert Bloch, Ray Bradbury, Theodore Sturgeon, Fredric Brown, Richard Matheson, Cornell Woolrich, Jean-Louis Bouquet ou Claude Seignolle et, parmi les romans, *Les Archives de Dracula* (1971) de Raymond Rudorff ou *Salem* (1975) de Stephen King.

Le thème de la mélancolie du vampire n'est qu'implicite dans Dracula. Pour les protagonistes, le comte est un personnage monstrueux dénué de toute sensibilité. L'aspect tragique du vampire, poussé à faire le mal par nécessité, tenaillé par le regret et la tristesse et condamné à la solitude perpétuelle, apparaissait déjà dans *La Morte amoureuse*, où Clarimonde pleurait à chaudes larmes chaque fois qu'elle devait sucer le sang de celui qu'elle aimait. D'autres œuvres plus récentes se focalisent sur cette tristesse, telles *La Jeune Vampire* (1920) de J.-H. Rosny aîné, *Vampire* (1922) de Hanns Heinz Ewers, *Dans ma solitude* (1937) de Henry Kuttner et le très sombre *Journal d'Edwin Underhill* (1981) de Peter Tonkin.

Pour protester contre l'injustice de leur sort, certains vampires peuvent devenir narrateurs afin d'exprimer leurs sentiments, comme dans le célèbre *Entretien avec un vampire* (1976) de Anne Rice, dans les poignants *Extraits du journal d'une adolescente* (1973) de Robert Aickman, où la protagoniste subit une transformation vampirique progressive, et dans le désespéré *Journal d'Edwin Underhill* déjà cité.

De la protestation à la révolte, il n'y a qu'un pas qui est franchi par Richard Matheson dans *Je suis une légende* (1954), sans doute le chef-d'œuvre vampirique moderne. Par un retournement total, le protagoniste, Neville, se retrouve dernier représentant de la race humaine dans un monde dominé par une société vampirique. Les valeurs s'y retrouvent bouleversées : les vampires représentent la norme sociale et l'homme un monstre folklorique devant

Je suis une légende (1954) de Richard Matheson renouvelle avec bonheur le thème vampirique. Le narrateur y est le dernier survivant humain dans un monde dominé par les vampires. Gravure de J. Martin Bontoux.

◆

être traqué et exécuté ; c'est au moment de sa capture que Neville réalise qu'il n'est plus qu'une légende.

Le thème de l'organisation des vampires en sociétés n'est pas nouveau : il avait déjà été traité par Paul Feval (*La Ville vampire*, 1875, une excellente parodie), Gustave Lerouge (*La Guerre des vampires,* 1909), José Moselli (*La Fin d'Illa*, 1925) et Howard Phillips Lovecraft (*Démons et Merveilles*).

Dans certains récits, l'originalité réside dans l'absence de toute ponction sanguine réelle, remplacée par un transfert purement énergétique ou psychique comme dans *Old Aeson* (1891) d'Arthur Quiller Couch, *Histoire vraie d'un vampire* (1893) d'Eric Stenbock, *The Transfer* (1912) d'Algernon Blackwood, *La Jeune Vampire* (1920) de J.-H. Rosny aîné, *La Belle Dame* (1932) de David Herbert Lawrence, *Miss Avenal* (1946) de William Fryer Harvey, *La Fille aux yeux avides* (1949) de Fritz Leiber ou *Dingue de tombe* (1957) de Robert Bloch.

La transformation en vampire résulte parfois de mécanismes plus originaux qu'une simple morsure. C'est ainsi que des vêtements (*La Cape*, 1939, de Robert Bloch ; *La Robe de soie blanche*, 1951, de Richard Matheson) vraisemblablement contaminés peuvent suffire (la contamination par la consommation de viande d'animaux atteints est un élément folklorique connu) ou certains environnements musicaux, comme par exemple le jazz dans *Dingue de tombe* (1957) de Robert Bloch où des musiciens vampires se nourrissent de l'énergie vitale libérée par l'assistance sous l'effet de leur musique.

Tout comme le loup-garou, le vampire appartient à la littérature fantastique, mais certaines variantes intéressantes l'introduisent dans d'autres domaines, comme le roman policier (*La Table a tourné*, 1940, de Jonathan Stagge, *Trois Cercueils se refermeront*, 1935 et *Celui qui murmure*, 1946, de John Dickson Carr), la science-fiction tels le *space opera* (*Shambleau*, 1933, de Catherine L. Moore), l'*heroic-fantasy* (*Jurgen*, 1919, de James Branch Cabell) ou la mythologie *Cthulhu* (H. P. Lovecraft, Robert Bloch).

Un stéréotype aussi précis que Dracula ne pouvait manquer d'engendrer des parodies, ce qui a donné lieu à quelques récits originaux ou agréables, comme *Funérailles* (Richard Matheson, 1955), *Du sang!* (Fredric Brown, 1955), *Drencula* (Boris Vian, 1955), *Le Blanc-bec* (Edwin C. Tubb, 1958), *Mr Alucard* (David A. Johnstone, 1964), *Le Comte Dracula* (Woody Allen, 1971), *Paris-Vampire* (Claude Klotz, 1974).

Tout comme le loup-garou, le vampire peut, à la fin du récit, s'avérer n'être qu'un assassin. Rappelons dans ce contexte que le terme vampire désigne par extension sémantique les meurtriers sadiques, monomanes homicides dignes émules de Jack l'Eventreur (*serial killers*). La littérature policière est riche d'exemples de ces criminels sanglants (*Un vampire* de Philip Mac Donald, *L'Ombre du vampire* de Jean-Louis Bouquet, *Le Vampire* de Thomas Narcejac, *La Mort qui rôde* de

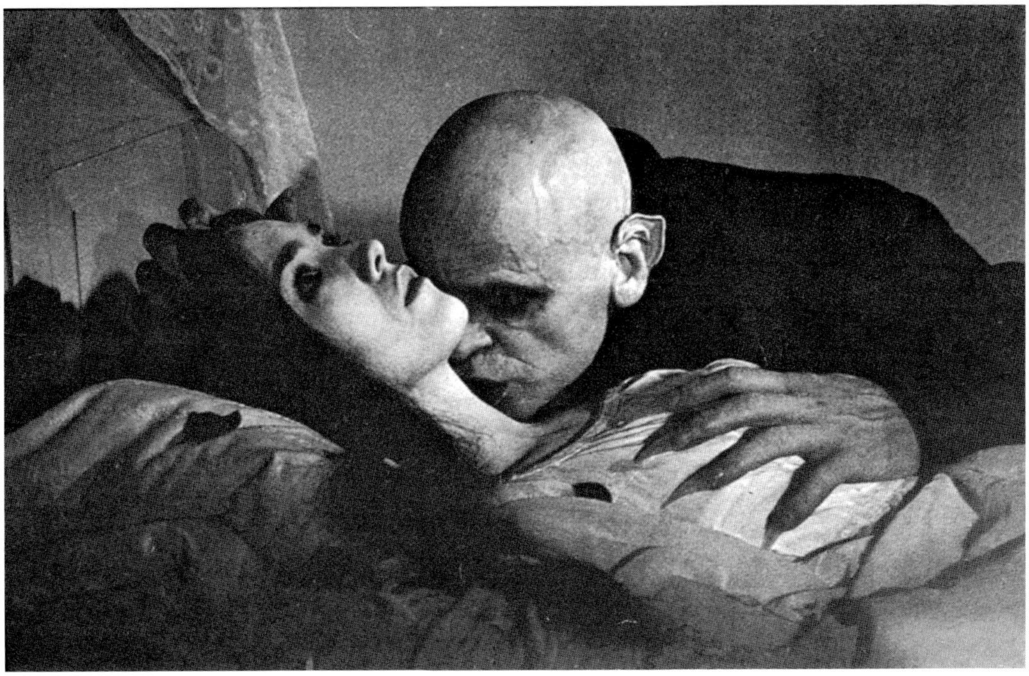

Klaus Kinski et Isabelle Adjani dans NOSFERATU, FANTÔME DE LA NUIT de Werner Herzog (1978).

◆

Francis Beeding, *Vesper le meurtrier* de Van Wyck Mason).

L'assassin peut par ailleurs masquer un meurtre au mobile précis en simulant un contexte vampirique traditionnel (voir les romans de Jonathan Stagge et de John Dickson Carr).

Enfin, en parallèle avec la lycanthropie psychiatrique, certains récits vampiriques mettent en scène des malades mentaux se prenant pour des vampires ou qui sont fascinés par les épanchements sanguins. Ainsi en va-t-il des protagonistes de deux aventures de Harry Dickson, de Jean Ray: *Le Vampire aux yeux rouges* et *Le Vampire qui chante*, de *La Voix du sang* de Richard Matheson, d'*Un peu de ton sang* de Theodore Sturgeon, des *Chants de Maldoror* de Lautréamont ou du *Juif latin* de Guillaume Apollinaire. A noter l'exemple particulier de la belle nouvelle de David Keller, *L'Artiste de lune*, où un cas psychiatrique évolue vers une issue fantastique.

Mythification cinématographique du vampire

Contrairement à la littérature, le cinéma a scrupuleusement repris le stéréotype vampirique, tant au niveau du personnage, fidèle au portrait du comte Dracula, que des décors, reprenant tous les éléments gothiques, et l'a diffusé jusqu'à en imprégner l'inconscient collectif. C'est ainsi que le thème vampirique est devenu au XXe siècle un mythe universel cristallisant, comme le loup-garou, certaines peurs fondamentales de l'humanité, telle l'angoisse de la mort, du néant et de la nuit. S'y ajoute une composante érotique et sanguine liant cruauté et volupté, propre à polariser les générations culturellement imprégnées de concepts freudiens et à permettre à tout un chacun de libérer innocemment certaines pulsions sadiques ou sexuelles refoulées par les contraintes de la vie sociale.

Dracula a dès lors donné lieu à une série d'interprétations scrupuleuses et même parfois restrictives: Bela Lugosi dans *Dracula* de Tod Browning (1931) et Christopher Lee dans *Le Cauchemar de Dracula* de Terence Fisher (1958) sont remarquablement fidèles. Le charisme de Bela Lugosi imposera l'image du sombre séducteur et les moyens techniques dont dispose Terence Fisher lui permettront de mettre en valeur le *decorum* gothique et les actions sanglantes. Les épisodes ultérieurs de ces deux films fondamentaux seront moins heureux, la répétition du stéréotype étant fatalement décevante.

La version cinématographique la plus originale de Dracula restera sans doute le *Nosferatu* de Friedrich Murnau (1922), grâce à la beauté des images en noir et blanc et à la laideur inhumaine de Max Schreck dans le rôle de Nosferatu, inversion de la métamorphose, transposition du vampire traditionnel dans la trame romanesque de Bram Stoker. Le titre du film fait allusion au *nosferat* roumain et a été choisi pour échapper à l'interdiction

Christopher Lee dans LE CAUCHEMAR DE DRACULA *de Terence Fisher (1958), incarne le vampire le plus célèbre de l'histoire du cinéma.*

◆

A l'époque du sida, la version de DRACULA *de Francis Ford Coppola (1993) réactualise les fantasmes victoriens. Elle a suscité un nouvel engouement pour un mythe éternel.*

◆

des ayants droit. Une tentative de modernisation réalisée par Werner Herzog en 1978 ne réussira pas, malgré le talent de celui-ci et des interprètes Klaus Kinski et Isabelle Adjani, à retrouver la magie de l'original.

Après *Dracula*, *Carmilla* a certainement été l'œuvre la plus adaptée, donnant lieu notamment à deux versions très différentes. Le *Vampyr* de Carl Dreyer (1931), adaptation très libre, est un chef-d'œuvre onirique construit sur des images brumeuses et une trame surréaliste. Par contre, *Et mourir de plaisir* de Roger Vadim (1960) vaut surtout par la beauté des actrices Elsa Martinelli et Annette Vadim.

En dehors de ces films classiques, la production cinématographique vampirique, abondante, ne brille pas toujours par sa qualité, les scénarios sombrant souvent dans le ridicule en essayant de modifier les situations, afin d'éviter le plagiat, sans pour autant s'écarter du stéréotype conventionnel, tant attendu par le public. Pas question dès lors de personnalité artistique : le cinéma vampirique se préoccupe davantage de satisfaire les besoins de défoulement que de recherche esthétique ou de raffinement dans l'insolite.

Il est ainsi significatif que les œuvres les plus fidèles au roman de Bram Stoker soient les meilleures et que l'une des rares productions récentes de valeur soit une parodie, *Le Bal des vampires* (1967) de Roman Polanski. Une tentative de modernisation apparaît cependant dans *Les Prédateurs* (1983) de Tony Scott, avec Catherine Deneuve et David Bowie.

L'irruption du Sida dans les années 1980 allait cependant faire resurgir les séquelles des fantasmes de l'époque victorienne qui avaient engendré *Dracula*. Le mythe vampirique, menacé de sclérose, était une métaphore culturelle idéale pour une maladie qui, tout comme le vampirisme, mêle le sang, le sexe et la mort. Cette métaphore apparaît clairement dans la dernière version de *Dracula* de Francis Ford Coppola (1992) et explique le renouveau engendré par ce film, qui retourne à l'enchantement des sources du septième art, insistant sur l'amour plutôt que sur l'horreur et reprenant l'ensemble de la thématique de Dracula, depuis le voïvode empaleur jusqu'aux versions cinématographiques les plus récentes, en passant par certains aspects du roman jusqu'alors négligés par les metteurs en scène.

Le succès récurrent rencontré par cette production abondante résulte donc vraisemblablement des éléments fondamentaux du thème vampirique, qui combine le sang, l'éternelle jeunesse et la séduction et réunit dès lors les mythes de Jack l'Eventreur, de Faust et de Don Juan ; l'archétype des archétypes : il n'y a rien au-delà.

l'affaire jack l'éventreur

Jack l'Eventreur, un personnage-clé

Il peut paraître surprenant de consacrer à Jack l'Eventreur un chapitre d'un ouvrage traitant essentiellement des monstres et dont la démarche est l'enquête médico-culturelle. Jack l'Eventreur présente cependant des liens avec presque tous les personnages envisagés au cours de cet ouvrage et est de surcroît à l'origine de celui-ci.

Arthur Conan Doyle s'est intéressé aux crimes de Jack l'Eventreur, émettant même certaines hypothèses, et Sherlock Holmes, qui a popularisé la démarche qui régit cet ouvrage, lui doit son succès. En effet, sa première aventure, *Une étude en rouge*, publiée fin 1887, se vendit fort mal. Par contre, la suivante, *Le Signe des quatre*, publiée en 1889, soit un an après la série des meurtres, connut un succès énorme. Face à l'échec et l'impopularité de la police officielle, le personnage du détective amateur infaillible, parvenant à la fois à neutraliser les grands assassins et ridiculiser Scotland Yard, répondait alors à un besoin collectif profond.

Au moment des meurtres, l'Homme-Eléphant séjournait à l'hôpital de Londres, situé dans le même quartier. Ces crimes ont entraîné une prise de conscience de problèmes socio-économiques occultés ou refoulés par une société qui détenait ainsi, en l'Homme-Eléphant, un moyen de soulager sa culpabilité. De surcroît, Jack l'Eventreur démontrait clairement que le vrai monstre n'était pas le malheureux malformé qui révélait une nature sensible et généreuse, mais l'assassin sadique qui tuait sans raison apparente.

Jack l'Eventreur est le prototype du grand assassin sadique. Il peut donc être rapproché de Richard III (version "Tudor"), des loups-garous assassins de la Renaissance, de Vlad l'Empaleur et de tous les assassins dénommés vampires. La monstruosité physique est en effet bien souvent associée sémantiquement à la monstruosité morale.

Si le terme "vampire" appliqué aux grands assassins s'est popularisé, on le doit sans doute à Jack l'Eventreur, puisqu'il inspira Bram Stoker pour certains traits de son célèbre Dracula, qui en est une métaphore littéraire ; il a certainement contribué à son succès populaire, et donc à celui du thème vampirique.

Bram Stoker, qui appartenait à une société secrète, la Golden Dawn, que certains ont accusée d'être responsable des meurtres, confère donc dans *Dracula* une nature vampirique à Jack l'Eventreur et suscite ainsi des hypothèses sur l'identité de l'assassin (Dracula est noble).

Mais surtout, Jack l'Eventreur est devenu un mythe, un archétype, comme de nombreux personnages de cet ouvrage, qui ne le seraient peut-être pas sans lui : Sherlock Holmes (et tous ses émules, donc une partie de la littérature policière), Dracula (et tout le mythe vampirique), voire l'Homme-Eléphant.

Par ailleurs, Jack l'Eventreur est une

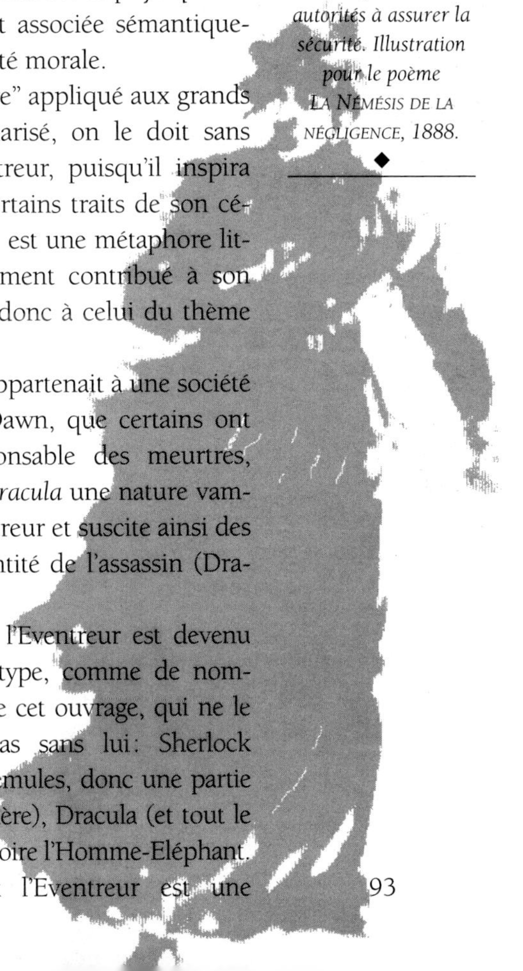

Dans "l'affaire Jack l'Eventreur", la presse a violemment critiqué l'impuissance de la police. La revue satirique PUNCH, *en particulier, ne se priva pas de fustiger par de féroces caricatures l'incapacité des autorités à assurer la sécurité. Illustration pour le poème* LA NÉMÉSIS DE LA NÉGLIGENCE, *1888.*

◆

Dessin de Jack l'Eventreur en action, paru en 1888. Prototype du grand assassin sadique, il cristallisa nombre de fantasmes victoriens et gardera par la suite une aura mythique inaltérable.

◆

énigme, à l'instar des autres personnages envisagés dans ce livre, et constitue donc aussi un sujet se prêtant à l'enquête, avant tout socio-criminelle celle-là. Le volet criminel doit beaucoup au remarquable travail de Stéphane Bourgoin, qui a patiemment reconstitué les événements, eux-mêmes précocement déformés par le mythe et l'interprétation, et réalisé une analyse critique des hypothèses ; le volet sociologique repose sur les études de Roland Marx et tente de reconstituer l'environnement ayant engendré le phénomène de l'Eventreur, à savoir la société victorienne.

Jack l'Eventreur et la société victorienne

La structure de la société victorienne repose sur les grandes valeurs traditionnelles que sont la famille, la propriété, la religion, la Couronne, le travail. La défense de ces valeurs nécessite le maintien permanent de l'ordre social et implique le respect sans faille d'une éthique rigide fondée sur l'éducation, le *self control* et la répression des pulsions. Ces valeurs communes et l'unité de cet ordre social impliquent que tout ce qui est susceptible d'y porter atteinte soit intégré et réprimé avec sévérité. La morale dominante se garde donc de faire la part entre convoitise matérielle et convoitise sexuelle, criminalité et révolte sociale.

La sexualité, un des grands tabous victoriens, est ainsi soumise à des critères moraux stricts comprenant une contention et un refoulement des pulsions sexuelles, une lutte permanente contre la tentation (par exemple, dissimulation des pieds de table aux formes trop suggestives), une répression des comportements non admis (relations extra-conjugales, homosexualité) dont Oscar Wilde fut une des victimes. L'accent étant mis sur la sauvegarde des apparences, il en résulte un mutisme total sur les problèmes sexuels et une hypocrisie de comportement ; les bien-pensants peuvent ainsi fréquenter les prostituées, à condition de préserver l'image d'une vie de famille vertueuse.

L'espace urbain est également source de perversion pour la morale dominante. Les bas-fonds londoniens, Babylone moderne, noyés dans un fog angoissant, recèlent une humanité misérable et une criminalité violente, systématiquement considérées comme des menaces potentielles pour l'ordre établi.

Effectivement, en 1887, année du jubilé de la reine Victoria, la solidité des valeurs traditionnelles et de l'ordre social semble ébranlée, plongeant les classes supérieures dans un climat d'insécurité. Alors que de 1850 à 1870, l'Angleterre était la première force économique mondiale, elle est progressivement concurrencée par d'autres pays européens mais surtout par les Etats-Unis. La décroissance insensible de la force économique anglaise va accentuer des inégalités sociales déjà flagrantes.

Le chômage vient en effet s'ajouter à la

pauvreté chronique et à l'insalubrité des conditions de vie d'une grande partie de la population. Un tiers des Londoniens est au seuil de la misère. Dès lors, dans les années 1880, la crise économique va engendrer une crise politique, caractérisée par la naissance de mouvements de gauche, comme les Fabiens de George Bernard Shaw et Herbert George Wells ou les Anarchistes de William Morris, mais surtout par de grands élans de révolte sociale telles les manifestations de chômeurs. Celles-ci s'étant multipliées en 1886, la direction de la police métropolitaine est confiée à Sir Charles Warren, partisan de réprimer les mouvements sociaux par les méthodes militaires qu'il avait employées aux colonies pour mater les révoltes indigènes.

Le 13 novembre 1887, une manifestation de 25 000 chômeurs à Trafalgar Square est ainsi réprimée par la police et la troupe avec une telle violence que cette journée, dont le bilan fut lourd, sera dénommée *Bloody Sunday*. Cet événement marquera un tournant décisif : certes, une paix relative s'installe, mais les apparences sont trompeuses et la tension sociale s'en retrouve accentuée, les classes dominantes vivant désormais dans la peur de troubles sociaux et de mouvements de gauche susceptibles de remettre en cause, voire de renverser, l'ordre établi. Par ailleurs, la police londonienne est sortie de cette épreuve de force épuisée, démoralisée, impopulaire et donc incapable de réagir efficacement en cas de besoin. C'est alors que Jack l'Eventreur entre en scène.

Les meurtres de Jack l'Eventreur

Le 31 août 1888, jour du premier meurtre, survient un événement dont la portée ne sera appréciée que plus tard. Suite à un différend avec Warren, J. Monro, que beaucoup considérèrent *a posteriori* comme étant le seul qui aurait pu contrer Jack l'Eventreur, démissionne de la direction du Criminal Investigation Division (C.I.D.). Il est remplacé par Robert Anderson, avocat mondain, dont la première décision est de partir un mois en vacances sur le continent, où se repose Warren.

Cinq meurtres vont se succéder durant l'automne de la terreur : Mary Ann Nichols le 31 août, Annie Chapman le 8 septembre, Elizabeth Stride et Catharine Eddowes, à trois quarts d'heure d'intervalle, le 29 septembre et Mary Jane Kelly, le 9 novembre 1888. Les victimes sont toutes des prostituées âgées (sauf Mary Jane Kelly, 25 ans), alcooliques, mythomanes, largement atteintes par la déchéance. Elles furent égorgées, mutilées, éventrées à l'aide d'un couteau à longue lame, et retrouvées les entrailles placées sur l'épaule. Certains organes avaient été prélevés : organes génitaux internes (Annie Chapman), bout d'oreille et rein (Catharine Eddowes). L'horreur culmina lors du dernier crime, celui de Mary Jane Kelly : nez et oreilles coupés, foie ôté et placé sur la cuisse droite, estomac ouvert, seins, reins et cœur placés sur sa table de nuit, organes génitaux internes (utérus contenant un fœtus de trois

Environnement privilégié de Jack l'Eventreur, le décor angoissant de Londres noyé dans le brouillard et les ténèbres est propice à engendrer une criminalité qui terrorisera la société victorienne. CRÉPUSCULE SUR LONDRES *de Christopher Richard Wynne Nevinson.*

◆

Le double meurtre d'Elizabeth Stride et Catharine Eddowes, le 29 septembre 1888, d'après un dessin de presse d'époque. Certains détails semblent cependant indiquer qu'Elizabeth Stride ne fut pas une victime de l'Eventreur.

◆

mois) emportés. Le rapport officiel d'autopsie, récemment découvert, corrige les erreurs du rapport de police : les viscères avaient été disséminées alentour, l'utérus était déposé sous la tête et ne contenait pas de fœtus ; par contre le cœur n'a pas été retrouvé.

A noter que Stéphane Bourgoin considère qu'Elizabeth Stride n'était sans doute pas une victime de l'Eventreur (couteau différent, absence de mutilations abdominales, comportement bruyant de l'assassin, lieu du crime éloigné des autres), alors qu'officiellement, il aurait été interrompu dans sa tâche et se serait enfui pour assassiner plus tard Catherine Eddowes.

La nécessité de posséder des connaissances anatomiques pour procéder à de telles mutilations a été et reste encore diversement appréciée, les experts du FBI étant persuadés du contraire. En revanche, une connaissance approfondie du quartier, des rondes de police et une capacité à capter la confiance des prostituées semblent indispensables.

Outre les analogies entre les victimes, les crimes se caractérisent également par des similitudes de lieu, ayant tous été commis dans le quartier de Whitechapel (quartier pauvre de l'East End, situé entre les docks, la tour de Londres et Bishopgate, soit moins d'un kilomètre carré) et de temps, survenant toujours à la nouvelle lune, durant le premier ou le dernier week-end du mois (mais pas toujours la nuit, puisque Annie Chapman fut assassinée au petit matin). Les quatre premiers furent commis à l'extérieur, le dernier à l'intérieur, après un délai plus long, ce qui semble indiquer que l'Eventreur ait été gêné dans ses projets par l'action de la police.

L'assassin s'est fait connaître à la presse sous le surnom de Jack l'Eventreur (*Jack the Ripper*) dans une série de lettres où il se montre provocateur, mégalomane, sûr de lui. Il y fait une déclaration de guerre aux prostituées, se vante de vouloir accomplir certaines mutilations, envoie un morceau de rein, prévient la police de la date et du lieu de ses prochains méfaits, le tout agrémenté de fautes de syntaxe et d'américanismes (volontaires ?). Sur mille quatre cents lettres reçues en un mois, trente-quatre seront jugées authentiques. A noter le caractère ostensible manifeste de ces meurtres, ce qui confirme la mégalomanie du meurtrier, que l'on retrouve même dans le choix des dates : les rues de Whitechapel sont noires de monde le week-end et le dernier meurtre a été commis le jour même de la procession du Lord Maire de Londres. Tout se passe donc comme si Jack l'Eventreur avait voulu attirer l'attention du public sur ses méfaits.

D'après Stéphane Bourgoin cependant, aucune de ces lettres ne serait authentique. Les lettres à la presse auraient été écrites par un ou des journalistes et postées après et non avant les événements annoncés. Elles ont cependant contribué au mythe en donnant son surnom à l'assassin. Pendant ce temps, la police, Warren en tête, étale au

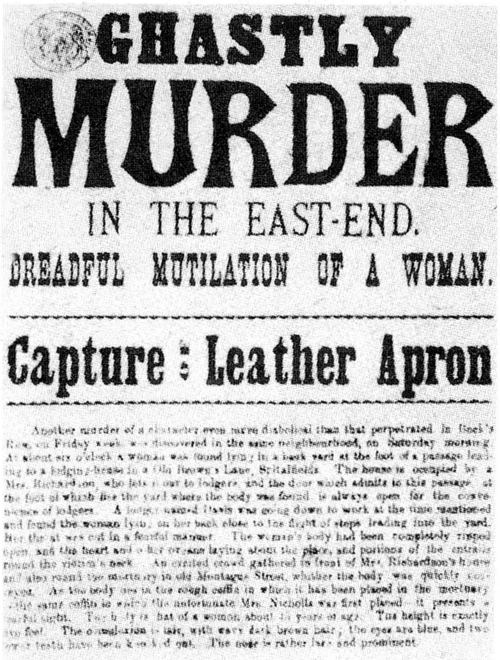
GHASTLY
MURDER
IN THE EAST-END.
DREADFUL MUTILATION OF A WOMAN.

Capture : Leather Apron

grand jour toute son impuissance. Le journal satirique *Punch* la ridiculise dans de féroces caricatures ; le *Times* la fustige ; la population est en ébullition.

Les événements vont se précipiter après le crime du 9 novembre : Warren démissionne et Jack l'Eventreur disparaît. La police semble en être un peu trop sûre : le procès du dernier meurtre est cavalièrement clos avec une procédure incomplète, et les inspecteurs responsables et les constables assurant la surveillance sont rapidement déchargés de leurs fonctions, au grand étonnement du comité de vigilance local qui continuera sa mission jusqu'au printemps 1889. A peine écoulé le temps des émotions, s'annonce la période des hypothèses.

Réactions et suspicions des Victoriens

L'intérêt considérable porté par les Victoriens à ce fait divers montre à quel point il est révélateur de certains fantasmes de la société de l'époque. A l'horreur primitive des meurtres, à la curiosité de l'enquête s'ajoute une inquiétude plus profonde. Jack oblige les Victoriens à faire face à certaines de leurs phobies : la nuit, le fog, l'entité urbaine, le sexe et la mort. Il les contraint à la pitié pour des victimes appartenant à une humanité misérable qu'ils renient par ailleurs. Il étale au grand jour la réalité de la prostitution dans les murs mêmes de leur capitale.

Mais ce qui déconcerte par-dessus tout les Victoriens, c'est le caractère inhabituel de ces meurtres. Ils sont accoutumés aux meurtres dont le mobile est le vol, qui sont en quelque sorte des hommages à une de leurs valeurs fondamentales : la propriété. Ils se trouvent ici face à une situation qui leur est étrangère et dès lors ne peuvent envisager que la folie comme mobile. Les hypothèses qu'ils vont émettre sont révélatrices des mentalités, puisque les suspects appartiendront à des catégories susceptibles de porter atteinte aux valeurs traditionnelles et à l'ordre établi.

Une hypothèse répandue fut celle du médecin fou ("L'homme au sac noir" ou "Doctor Jack"), en raison des connaissances anatomiques supposées de l'assassin, de l'ablation d'organes (à des fins expérimentales ?) et de l'absence d'autre mobile apparent que la folie. La majorité des experts de Scotland Yard y croyaient. Cette théorie jeta un temps le discrédit sur les médecins de l'Hôpital de Londres et le docteur Halsted dut se défendre en arguant qu'un simple pêcheur de haute mer possédait les connaissances suffisantes pour se livrer à un tel dépeçage, ce qui ne faisait que déplacer le discrédit sur une autre catégorie de suspects.

Plus significative est l'hypothèse de l'étranger, populaire en ces temps de crise économique et d'immigration. Les Juifs et les « Rouges » figuraient aux premiers rangs des boucs émissaires. La théorie du boucher rituel juif, le *chohet*, circula sans qu'aucun

Les Juifs figuraient au premier rang des suspects. La police rechercha activement un cordonnier juif surnommé "Tablier de cuir", qui fut rapidement innocenté.

◆

Les étrangers étaient tous des suspects en puissance. Le délit de "mine patibulaire" pouvait être la source de nombreuses tracasseries policières. Dans la filature illustrée ici figure le parfait sosie de Sherlock Holmes, plébiscité par les Londoniens pour prendre la relève d'une police défaillante.

◆

nom ne puisse être cité. Les adeptes de cette théorie allaient même jusqu'à prétendre que la communauté juive aurait éliminé l'assassin pour le soustraire à la justice officielle et éviter une flambée d'antisémitisme. Un cordonnier juif polonais, John Pizer, surnommé "tablier de cuir", fut soupçonné après le premier meurtre puis innocenté. Sur les lieux du meurtre de Catharine Eddowes, une inscription à la craie, "Les Juifs ne sont pas des hommes qui seront accusés pour rien", découverte par la police, est effacée sur ordre de Charles Warren pour éviter des émeutes antisémites. George Chapman, alias Severin Klosowski, barbier juif polonais, pendu en 1903 pour avoir empoisonné ses trois femmes, fut suspecté car il était déjà accusé de meurtre, se trouvait à Whitechapel en 1888, et qu'il avait séjourné deux ans en Amérique, ce dernier point ayant son importance pour rendre compte des « américanismes » des lettres signées Jack l'Eventreur. Il correspondait au signalement d'un homme aperçu en compagnie de la dernière victime peu avant sa mort. Cependant, empoisonneurs et éventreurs n'ayant aucun point commun sur le plan psychiatrique, et Chapman n'ayant séjourné en Amérique qu'en 1890, le témoignage fut toujours considéré comme douteux.

Aaron Kosminski, Juif polonais installé comme coiffeur à Whitechapel dès 1882, était sans doute le suspect numéro un de Scotland Yard, du moins selon R. Anderson et son successeur Melville Macnaghten, chefs du C.I.D. et selon l'inspecteur-chef D. Swanson, qui dirigeait l'enquête. Il fut interné en 1891, souffrant de troubles sexuels, de crises homicides et d'hallucinations. Stéphane Bourgoin estime cependant que l'intervalle très long qui sépare le dernier meurtre de l'internement est une objection majeure à sa culpabilité, puisque ce dernier meurtre montrait une perte de contrôle totale de l'assassin.

Les anarchistes russes ou polonais, désireux de déstabiliser l'Angleterre, étaient également des suspects de choix. Michael Ostrog, barbier et criminel d'origine russe, fut recherché par la police à l'époque. Mais on sait peu de ce personnage mystérieux, sinon que Melville Macnaghten le considérait parmi les suspects.

Par ailleurs, on évoqua également l'éventualité de crimes rituels perpétrés par des sociétés secrètes, qui étaient nombreuses en raison de l'intérêt des Victoriens pour l'occultisme, autre forme de leur hantise de la mort (nette dans l'œuvre de plusieurs écrivains, en particulier Arthur Conan Doyle). La Golden Dawn, qui compta dans ses rangs les écrivains Bram Stoker, Algernon Blackwood, Arthur Machen, William Butler Yeats et le mage Alceister Crowley, fut ainsi suspectée sans la moindre preuve.

Depuis les émeutes de 1886-1887, les classes sociales inférieures faisaient également partie de ces forces déstabilisatrices susceptibles de fournir un coupable de choix. Ceux qui appartenaient à plusieurs catégories de suspects étaient particulière-

ment visés. Ainsi, des pêcheurs de haute mer portugais furent suspectés parce qu'étrangers, appartenant à la classe laborieuse et, de surcroît, aptes au dépeçage si l'on en croit le docteur Halsted.

Les criminels des bas-fonds de Londres éveillèrent certains soupçons, l'opinion s'agitant particulièrement à propos du cas de Frederick Deeming, voleur, bigame, qui aurait avoué être Jack l'Eventreur au moment de son exécution en 1892. Mais il s'agissait là d'un ultime élan mégalomane, car il fut établi par la suite que Deeming était en prison aux Etats-Unis au moment des meurtres.

Certains contemporains, dont Conan Doyle, pensaient que Jack l'Eventreur pouvait être une femme, en particulier une infirmière, ou un homme déguisé ("Jill the Ripper"). En 1938, W. Steward suggère qu'une sage-femme doublée d'une avorteuse aurait pu aisément s'attirer la confiance des victimes, passer inaperçue, justifier des traces de sang sur ses vêtements ou même sa présence sur les lieux d'un crime et posséder les connaissances anatomiques nécessaires. Cette hypothèse est affaiblie par le rapport d'autopsie montrant que Mary Jane Kelly n'était pas enceinte.

Enfin, mentionnons la boutade de Bernard Shaw qui présentait Jack l'Eventreur sous les traits d'un réformateur social ayant réussi là où les socialistes avaient échoué, suscitant dans la presse dirigeante un mouvement de compassion pour les victimes, donc pour l'humanité misérable, et attirant l'attention sur les conditions de vie des habitants de l'East End. Boutade? Quoi qu'il en soit, la conséquence sera un vaste plan de restructuration et de logements sociaux dans ce quartier.

Jack l'Eventreur, produit du code moral victorien

Les Victoriens refusaient donc de voir une quelconque logique dans les crimes de Jack l'Eventreur et émettaient des hypothèses révélatrices de leurs préoccupations, choisissant leurs suspects parmi les ennemis de l'ordre moral et évitant toute supposition le remettant en cause.

Une certaine systématisation dans cette série d'assassinats a cependant échappé aux Victoriens. On l'a vu, les meurtres se caractérisent par des similitudes de lieu, de temps, d'action et de victime. Leur caractère ostentatoire, la recherche visible de publicité orienteraient, selon certains, vers l'hypothèse d'une action élaborée dans un but précis. Et ceux-là de se demander si la boutade de Bernard Shaw ne devait pas être prise au sérieux. Jack l'Eventreur serait dans cette optique un réformateur social agissant en état de choc: son esprit fragile secoué jusqu'à la rupture par le spectacle affligeant de la misère des bas-fonds l'aurait poussé à une réaction violente et incontrôlée.

Cette hypothèse apparaît néanmoins très

En attirant l'attention sur la misère et la débauche qui régnaient dans les bas-quartiers de Londres, Jack l'Eventreur a révélé une des faces cachées, volontairement ignorée, de la société victorienne. Prostituées à Spitalfields

Un des nombreux meurtres commis après la série sanglante de 1888 est attribué à tort à Jack l'Eventreur.

◆

douteuse, dans la mesure où elle néglige une évidence que les Victoriens eux-mêmes ont occultée : le caractère ouvertement sexuel et sadique des meurtres. Les bien-pensants ont toujours refusé de voir en Jack l'Eventreur un des leurs, un Monsieur Tout-le-Monde correspondant à la description du personnage aperçu avec la victime du troisième meurtre, un produit de l'éducation victorienne, qui aurait cédé, incapable de supporter la tension accumulée. Cette éventualité n'a jamais été envisagée par les contemporains car elle dénonce le caractère pathogène de l'éducation victorienne, conduisant parfois les individus à un déséquilibre et à la rupture des mécanismes de refoulement de pulsions sadiques et sexuelles pour lesquels une morale trop répressive ne propose guère d'exutoires ordinaires. En quelque sorte, Jack l'Eventreur est révélateur de la faillite de l'éthique victorienne, de l'incompatibilité de son ordre moral avec l'épanouissement de ceux qui y sont soumis. Cette idée n'aurait bien entendu jamais pu effleurer les Victoriens dans leurs certitudes.

Robert-Louis Stevenson avait cependant anticipé cette hypothèse avec une remarquable acuité en écrivant en 1886 *Dr Jekyll et Mr Hyde*, dans lequel le bon docteur Jekyll, prototype du Victorien refoulé, se transforme en son double malfaisant, le violent Mr Hyde qui représente la rupture du *self control* de rigueur. Le phénomène Jack l'Eventreur était donc alors prévisible pour ceux qui, tel Stevenson, parvenaient à percevoir les fissures de la façade victorienne et leurs conséquences.

A noter par ailleurs que le *serial killer*, le meurtrier en série, est un phénomène qui touche principalement les pays anglo-saxons et serait donc caractéristique des sociétés puritaines.

Deux hypothèses récurrentes sur l'identité de Jack l'Eventreur

L'énigme de Jack l'Eventreur a suscité un nombre considérable d'hypothèses. Aucune d'entre elles, bien entendu, n'est étayée par des preuves formelles, et il est bien peu probable que la vérité soit découverte un jour, ce qui mettrait vraisemblablement fin au mythe. Deux hypothèses récurrentes sont néanmoins dignes d'intérêt.

L'hypothèse d'un coupable issu de la bonne société victorienne ("Gentleman Jack") et qui aurait agi en situation de rupture ne pouvait mener qu'à l'aliénation, l'accident ou le suicide, ce qui explique la

disparition soudaine de l'assassin après le 9 novembre 1888. Une telle rupture des mécanismes de refoulement impliquant la libération de pulsions destructrices et autodestructrices, la série de meurtres suivie d'un suicide apparaît d'autant plus probable que, comme déjà souligné, la société victorienne était hantée par la mort. La régression brutale des recherches suggère que la police était concaincue par l'hypothèse du suicide.

De nombreux auteurs (T. Cullen, M. Howells, K. Skinner) sont ainsi persuadés que Jack l'Eventreur s'est noyé dans la Tamise peu après son dernier meurtre. Se fondant sur des notes de Sir Melville Macnaghten (notes rédigées en 1894, transmises à sa fille et publiées en 1915 se référant à des archives qu'il aurait brûlées), ils incriminent un jeune avocat de trente et un ans, Montague John Druitt. Druitt, considéré par Macnaghten comme étant psychiquement et sexuellement instable, était un ami de l'avocat H. F. Wilson, ami intime du duc de Clarence (petit-fils de la reine Victoria et héritier présomptif du trône); ces derniers étaient membres de la société secrète des "Apostles". Druitt, brillant étudiant mais incapable de faire carrière, était professeur au moment des meurtres. Il fut renvoyé le 30 novembre 1888 et disparut le 3 décembre, après avoir fait part de sa crainte de devenir fou. Son corps fut retrouvé lesté de pierres dans la Tamise le 31 décembre. La certitude de Macnaghten repose-t-elle sur des soupçons émis par la famille lorsqu'elle signala la disparition? En l'absence d'archives, il est impossible de répondre.

Druitt aurait acquis certaines connaissances anatomiques auprès de son père chirurgien. Il avait un logement à Inner Temple, proche de Whitechapel, et serait, d'après les partisans de cette hypothèse, psychologiquement fragile. Selon les auteurs, différentes causes de rupture psychique sont envisagées. M. Howells et K. Skinner suggèrent le double choc de la mort de son père en 1885 et de l'internement de sa mère en juillet 1888. Le chemin d'Inner Temple à l'asile traversant Whitechapel, Druitt aurait transféré sur les prostituées une haine de la mère, ou au contraire en aurait fait un exutoire des pulsions engendrées par un chagrin déstabilisateur, voire les aurait rendues responsables en tant que vectrices de la syphilis, qu'il aurait pensé être à l'origine de la folie de sa mère. T. Cullen, lui, signale que la mère de Druitt aurait été internée après la mort de celui-ci, en raison d'une dépression consécutive au deuil. Il pense que Druitt, avocat de gauche, correspondrait plutôt au portrait du réformateur social évoqué par Bernard Shaw.

Scotland Yard aurait été informé mais n'aurait pas réagi, parce que Druitt était proche de nombreuses personnalités, dont certains membres de la société des "Apostles", parmi lesquels figurait le duc de Clarence lui-même. Ces suppositions sont cependant invérifiables et risquent de jeter le discrédit sur la mémoire d'un innocent et l'honorabilité de sa famille;

Les bas-fonds de Londres et les quartiers populaires, sources de tous les maux aux yeux des Victoriens, furent le théâtre des exactions criminelles de Jack l'Eventreur. Quartier ouvrier de Londres, gravure de Gustave Doré, 1876.

◆

L'hypothèse du Victorien ordinaire, victime d'une éducation oppressante, et se libérant brutalement de pulsions refoulées ne fut envisagée que tardivement, car elle remettait en cause les valeurs de toute une société. Elle a cependant été anticipée par Robert-Louis Stevenson en 1886 dans DR JEKYLL AND MR HYDE. *Spencer Tracy dans le film de Victor Fleming, 1941.*

◆

Le duc de Clarence, fils aîné du prince de Galles, fut l'un des principaux suspects aux yeux des apprentis-détectives. Stéphane Bourgoin l'a définitivement innocenté en établissant ses alibis.

◆

mais face à leur persistance médiatique, il n'était pas inutile de les signaler. Stéphane Bourgoin remarque par ailleurs que Druitt jouait au cricket, dans le sud de Londres, les lendemains suivant deux des meurtres, ce qui est certes un emploi du temps inhabituel pour un coupable potentiel.

Enfin, l'hypothèse la plus hardie implique le duc de Clarence lui-même, petit-fils de la reine Victoria, héritier présomptif de la couronne, respectivement fils et frère aîné des futurs rois Edouard VII et Georges V. Cette hypothèse a été avancée par le docteur Stowell dans la revue *The Criminologist* en 1970. Celui-ci aurait eu accès à des documents du docteur William Gull, médecin de la famille royale britannique. T. Stowell étant mystérieusement décédé en 1971 et ses notes ayant été détruites, l'ouvrage de F. Spiering inspiré par cette hypothèse est largement conjectural.

D'après cet ouvrage, le duc de Clarence, né en 1864, aurait contracté en 1882 en Australie une syphilis qui aurait évolué vers une forme neurologique. Il aurait commis les meurtres sous le coup de la folie syphilitique en connivence avec son précepteur, James Stephen, qui aurait rédigé les lettres. C'est en octobre 1888 qu'il aurait révélé être l'auteur des crimes à William Gull qui, en accord avec le futur roi Edouard VII, Charles Warren et le premier ministre Lord Salisbury, l'aurait alors fait interner pour éviter le scandale. Mais le duc se serait échappé le 8 novembre et aurait alors commis le cinquième crime. Il aurait été interné à nouveau, puis aurait fait un long voyage aux Indes "sous surveillance". A son retour, il se serait échappé une dernière fois pour commettre un sixième crime (parfois repris dans la série) le 13 février 1891.

Officiellement, le duc de Clarence est mort en 1892 d'une pneumonie, neuf ans avant que son père ne monte sur le trône (il lui aurait succédé à la place de son frère Georges s'il avait survécu). Officieusement, il serait décédé de sa neurosyphilis, aidé par une cure morphinique. James Stephen aurait été discrètement effacé.

Dans le cadre de cette hypothèse, le silence du gouvernement sur cette affaire aurait été négocié contre un accroissement de son pouvoir au détriment de la famille royale. Cette présomption permet également de supposer qu'Arthur Conan Doyle et Bram Stoker, tous deux membres de sociétés secrètes, auraient été au courant et auraient suggéré leurs soupçons. Bram Stoker aurait indiqué l'origine noble de l'Eventreur "par comte Dracula interposé". Arthur Conan Doyle (dont le sujet de la thèse médicale était la neurosyphilis) aurait répondu à Nigel Morgand, qui lui demandait s'il avait une idée de l'identité de l'Eventreur, un mystérieux "*Somewhere in the upper stratum*" (quelque part dans les hautes sphères).

Stéphane Bourgoin a remis en cause l'hypothèse du prince éventreur en établissant l'emploi du temps précis du duc de Clarence au moment des meurtres, ses alibis et

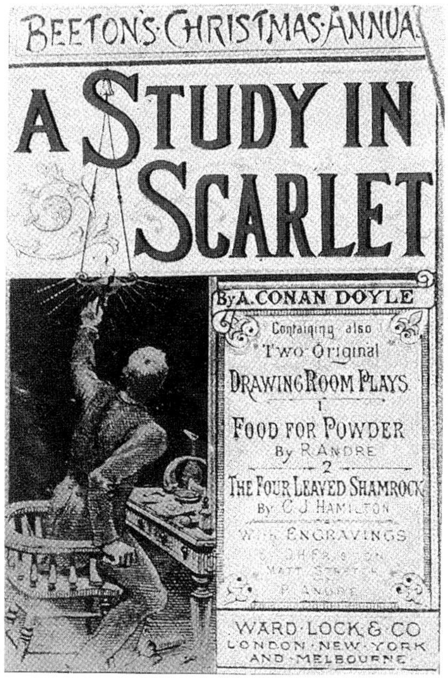

Jack l'Eventreur est peut-être indirectement responsable de la popularité de Sherlock Holmes. Son premier roman UNE ÉTUDE EN ROUGE, *publié en 1887 avant les meurtres, ne connut qu'un modeste succès alors que le suivant, paru après, rencontra un accueil exceptionnel auprès du public.*

◆

la liste de ses témoins. Il a mis en lumière les nombreuses invraisemblances de l'hypothèse d'un complot impliquant la famille royale, Scotland Yard et la franc-maçonnerie, selon laquelle les prostituées auraient été assassinées par Sir William Gull sur ordre supérieur de la reine Victoria parce qu'elles se livraient à un chantage à propos de l'existence d'un enfant illégitime, fruit du mariage secret du duc de Clarence avec une catholique de basse extraction, hébergé par le peintre Walter Sickert, puis recueilli par Mary Jane Kelly. On ne sait s'il convient d'en sourire ou d'admirer l'extraordinaire imagination de son auteur, S. Knight, qui, à défaut d'être crédible, aura du moins le mérite d'avoir commis un excellent roman.

Le mythe de Jack l'Eventreur

Jack l'Eventreur n'a jamais cessé d'exercer une étrange fascination, hier sur Arthur Conan Doyle et Bram Stoker qui lui doivent leur succès, aujourd'hui sur tous ceux qui écrivent à son propos... Et nous nous comptons bien entendu parmi ceux-ci.

Cette fascination tient sans doute au surnom et à l'anonymat du meurtrier, propice à tous les fantasmes d'identité, à la non-résolution et au caractère inhabituel, sans mobile apparent, mais systématique, des meurtres et à la valeur symbolique d'un contexte qui illustre la rupture brutale de mécanismes de refoulement de pulsions sadiques et sexuelles. Profondément ancré dans l'inconscient collectif, Jack l'Eventreur a peu de chances de sombrer dans l'oubli, ainsi qu'en attestent les nombreux articles de presse, ouvrages, documents, études criminelles, enquêtes en tous genres qui lui sont consacrés ainsi qu'à ses émules. La littérature, le cinéma, le théâtre, la chanson, la peinture, la bande dessinée s'en sont emparés, élevant le personnage au niveau d'un mythe.

Si les assassins sadiques constituent un thème privilégié de la littérature policière, Jack l'Eventreur a directement inspiré certaines œuvres telles *Les Mains de Mr Ottermole* (1931), de Thomas Burke (hypothèse de l'assassin policier: "Jack the copper"), *Rex* (1933), de Martin Porlock (une délicieuse parodie), *La Cage de verre* (1966), de Colin Wilson (un chef-d'œuvre où l'assassin paraphe ses meurtres de citations de William Blake, l'enquête étant menée par un spécialiste du grand poète anglais), *Votre dévoué Jack l'Eventreur* (1943), de Robert Bloch (certainement le plus "ripperomane" de tous les écrivains, il récidivera avec *Un jouet pour Juliette* (1967), *Un crime des plus singuliers* (1976) et *La Nuit de l'Eventreur* (1984) qui mettent en scène Jack lui-même, sans compter les multiples œuvres inspirées par le thème, dont *L'Eventreur* et *Le Boucher de Chicago* et bien d'autres. La plus célèbre est sans doute *Le Locataire* (1913) de Mrs Belloc Lowndes (inspiré d'un suspect réel, dénoncé par sa logeuse, qui soutenait que toutes les

Jack l'Eventreur eut de nombreux émules, parmi lesquels Peter Kürten, le vampire de Düsseldorf. Fritz Lang l'a pris comme modèle pour son film M LE MAUDIT *(1931), avec Peter Lorre dans le rôle principal.*

◆

Mackie Messer ou "Mack the Knife" une des plus célèbres figures littéraires inspirées de Jack l'Eventreur. L'OPÉRA DES QUAT'SOUS *de Kurt Weill et Bertold Brecht, Théâtre des Nations, Allemagne, 1957.*

◆

prostituées devaient être tuées), qui inspira une abondante production cinématographique dont *The Lodger*, un des premiers films d'Alfred Hitchcock (1926) et *Drôle de drame* (1936), la célèbre parodie de Marcel Carné et Jean Prévert.

Mais c'est dans l'expressionnisme allemand que Jack l'Eventreur acquerra des lettres de noblesse à en faire pâlir d'envie Dracula lui-même. Frank Wedekind le met en scène dans son double drame *Esprit de la terre* (1895) suivi de *La Boîte de pandore* (1902), dont Alban Berg tirera l'opéra inachevé *Lulu* (1937). Fritz Lang s'inspirera des méfaits d'un de ses émules, Peter Kürten (le vampire de Düsseldorf), pour produire *M le maudit* (1931), un des chef-d'œuvres du cinéma. Enfin Mackie Messer (*Mack the Knife*), personnage de *L'Opéra de quat'sous* de Bertold Brecht et Kurt Weill (1928) est une transposition de l'éventreur dans une parodie de *L'Opéra des gueux* de John Gay.

Même les lieux deviendront mythiques. Whitechapel sera, dans la littérature policière du XXe siècle, l'endroit de résidence privilégié des grands criminels, à commencer par le plus célèbre de tous, le docteur Fu Manchu, personnage de Sax Rohmer. Même le professeur Moriatry, l'ennemi juré de Sherlock Holmes, y avait installé son quartier général. Aujourd'hui encore, des agences touristiques proposent des visites guidées du Londres de Jack l'Eventreur. Plus de cent ans après sa disparition, l'Eventreur fascine encore !

NOTRE-DAME DE PARIS
PAR
VICTOR HUGO
MCDLXXXII

Quasimodo et autres enquêtes médico-littéraires

Le médecin, détective culturel

Si parfois médecins et écrivains policiers n'hésitent pas à mener des enquêtes médico-culturelles complexes, telles celles sur l'Homme-Eléphant ou Richard III, ce type de démarche, qui transforme le médecin en détective, peut être illustré par d'autres grandes figures issues du domaine littéraire et donc fictives, même si elles sont vraisemblablement inspirées de personnages ayant réellement existé.

Washington Irving est considéré comme le premier grand écrivain de la littérature américaine. Une grande partie de son œuvre a pour toile de fond les montagnes Catskill, dans l'Etat de New York, et pour protagonistes des immigrants hollandais. Son récit le plus connu est *Rip Van Winkle* (1819), conte souvent repris dans des anthologies et qui a inspiré un opéra-comique de Robert Planquette (1884).

Rip Van Winkle, un brave homme oisif et fantaisiste qui avait épousé une mégère, se consolait de son infortune en allant à la chasse à l'écureuil dans les montagnes Catskill. Un jour qu'il rêvassait en contemplant la vallée de l'Hudson, il entendit quelqu'un l'appeler par son nom. C'était "un vieil homme petit et trapu avec des cheveux épais en broussaille et une barbe grisonnante", habillé en costume hollandais traditionnel, qui portait sur le dos un énorme tonneau. Il l'emmena vers une esplanade où se trouvait un groupe de petits personnages curieux, vêtus comme lui, qui jouaient aux quilles. "Leurs visages étaient également particuliers : l'un avait une grande tête, une face élargie et des yeux porcins ; la face d'un autre semblait n'être qu'un nez. Ils avaient tous des barbes de taille et de couleur variées". Après avoir goûté avec eux le breuvage du tonneau, Rip Van Winkle sombra dans un profond sommeil. Quand il se réveilla, il se retrouva au même endroit que la veille. Il s'avéra cependant que vingt ans s'étaient écoulés. Il apprit que sa femme était décédée et qu'il pouvait désormais couler des jours heureux auprès de sa fille.

La description des petits personnages de *Rip Van Winkle* a récemment suscité l'intérêt du docteur R. Beebe, de la faculté de médecine de l'université d'Albany dans l'Etat de New York. Il a en effet constaté que certaines familles consanguines de la communauté d'immigrés hollandais, installées depuis quelques siècles dans la région des Catskills, souffraient d'une maladie rare, le syndrome de Hunter, et avaient un aspect physique semblable à celui des personnages de Washington Irving.

Le syndrome de Hunter (1917) est une maladie génétique de transmission récessive liée au sexe, n'atteignant donc que les individus de sexe masculin, qui se caractérise par un physique particulier : un visage pléthorique, des yeux bouffis, un nez en pied de marmite, un cou bref, un thorax large, un abdomen de batracien avec hernie ombilicale, des membres courts, des

Frontispice de Notre-Dame de Paris *de Victor Hugo. Edition parue en 1881.*

Washington Irving, un des premiers écrivains de la littérature américaine, a situé plusieurs de ses contes dans la région des monts Catskill de l'Etat de New York.

◆

La description des nains rencontrés par Rip Van Winkle dans les monts Catskill a suscité le rapprochement avec une affection génétique rare (syndrome de Hunter) dont souffraient certaines familles d'origine hollandaise installées dans cette région. Illustrations de Arthur Rackhan pour RIP VAN WINKLE *de Washington Irving, 1905.*

◆

A l'image d'autres "monstres" de la littérature, Quasimodo, un des personnages les plus célèbres du patrimoine culturel français, est fortement typé. Victor Hugo en donne une description physique précise, autorisant des diagnostics médicaux, mais sa personnalité faite de contrastes est quelque peu caricaturale.

◆

mains et des pieds épais et une petite taille. La force physique et les facultés mentales sont intactes.

Le syndrome de Hunter fait partie des mucopolysaccharidoses, groupe de maladies génétiques dont les symptômes traduisent des anomalies du métabolisme des mucopolysaccharides (glycoprotéines constitutives du tissu conjonctif) qui s'accumulent en excès dans les tissus. Celles qui, tels le syndrome de Hunter ou d'autres formes plus graves (syndrome de Hurler), se caractérisent par un faciès difforme rappelant les gargouilles médiévales, sont appelées gargoylisme. Beebe suggère qu'Irving se serait inspiré d'une famille d'immigrés hollandais des Catskill atteinte du syndrome de Hunter pour brosser la description de ses mystérieux petits personnages.

Mais le monstre le plus célèbre de la littérature mondiale est certainement Quasimodo, le sonneur de cloches de *Notre-Dame de Paris* (1831), âme pure et sensible dans un corps difforme, à l'instar de l'Homme-Eléphant. Victor Hugo dresse un portrait inoubliable de ses malformations physiques: "Nous n'essayerons pas de donner au lecteur une idée de ce nez tétraèdre, de cette bouche en fer à cheval; de ce petit œil gauche obstrué d'un sourcil roux en broussailles, tandis que l'œil droit disparaissait entièrement sous une énorme verrue; de ces dents désordonnées, ébréchées çà et là, comme les créneaux d'une forteresse ; de cette lèvre calleuse sur laquelle une des dents empiétait comme la défense d'un éléphant; de ce menton fourchu (...). Une grosse tête hérissée de cheveux roux ; entre les deux épaules une bosse énorme dont le contre-coup se faisait sentir par devant; un système de cuisses et de jambes si étrangement fourvoyées qu'elles ne pouvaient se toucher que par les genoux et, vues de face, ressemblaient à deux croissants de faucilles qui se rejoignaient par la poignée; de larges pieds, des mains monstrueuses..."

Cette description remarquable de précision et de rigueur ne pouvait manquer d'attirer l'attention du monde médical. C'est ainsi que les docteurs R. Solomon, de Chicago, et J. Cox, de la faculté de médecine de Cambridge, suggèrent que Quasimodo était atteint de neurofibromatose de Von Recklinghausen (voir "La maladie de l'Homme-Eléphant"). Ils mettent en avant la survenue précoce des lésions (Victor Hugo signale que Quasimodo souffrait déjà de malformations à l'âge de quatre ans), la surdité, les déformations caractéristiques des os et des tissus mous, l'intégrité de la force physique et des fonctions mentales et la présence d'une verrue sur la paupière droite qui pouvait être un neurofibrome.

Les malformations sont cependant précises et des signes comme l'atteinte dentaire, la morphologie particulière de la tête et de la bouche, l'atteinte du rachis (bosse cyphoscoliotique), des membres (*genu valgum*) et des extrémités (pied bot, mains et pieds larges) évoquent les caractéristiques du syn-

Le personnage du nain malformé revient souvent dans l'œuvre de Victor Hugo. Il est vraisemblablement inspiré de Corcovito, le nain du collège des Nobles à Madrid. Une autre incarnation en est Gwynplaine, le protagoniste de L'HOMME QUI RIT. *Caricature parue dans* L'ECLIPSE, *1869.*

◆

drome d'Ellis Van Creveld (voir "Richard III, monstre physique") ou encore celles de certaines formes de mucopolysaccharidoses (M. F. Kahn). Il est effectivement tentant de faire de Quasimodo un cas de gargoylisme, gargouille vivante évoluant parmi les gargouilles de pierre et personnage parfaitement adapté à l'ambiance gothique du décor médiéval.

Victor Hugo, comme Shakespeare pour *Richard III*, s'est vraisemblablement inspiré d'un cas contemporain pour dresser le portrait de Quasimodo, peut-être Corcovito, le nain sourd-muet que l'auteur avait côtoyé au collège des Nobles, à Madrid. Cette rencontre avait marqué Victor Hugo, puisque, outre Quasimodo, le personnage du nain malformé se retrouve dans *Han d'Islande* (Han), *Bug Jargal* (Habibrah), *Le Roi s'amuse* (Triboulet) et *L'Homme qui rit* (Gwynplaine).

Le diagnostic médical des monstres culturels, qu'il s'agisse de personnages réels comme l'Homme-Eléphant, semi-réels comme Richard III (version Tudor) ou fictifs comme Quasimodo ou les protagonistes de *Rip Van Winkle*, est souvent hypothétique, l'enquête médicale ne pouvant aboutir à une conclusion définitive en raison de l'absence de certains éléments décisifs (ce que les médecins appellent les examens complémentaires). Ainsi, la neurofibromatose de Von Recklinghausen, maladie rare mais bien connue du monde médical en raison de sa sémiologie caractéristique, a été évoquée successivement pour l'Homme-Eléphant, Richard III (version Tudor) et Quasimodo, puis écartée pour des raisons diverses, en particulier l'absence de certains signes spécifiques comme les taches café-au-lait. Si un diagnostic qui semble définitif a pu être ultérieurement avancé pour l'Homme-Eléphant (syndrome Protée), c'est que dans ce cas précis, le "puzzle" sémiologique est à peu près complet. Par ailleurs, les mucopolysaccharidoses, groupe de maladies génétiques incluant le gargoylisme, le syndrome de Hunter et peut-être le syndrome d'Ellis Van Creveld semblent actuellement le diagnostic le plus vraisemblable pour les autres monstres évoqués ici. Ainsi, le Richard III de Shakespeare, le Quasimodo de Victor Hugo et les nains de Washington Irving constitueraient autant d'illustrations littéraires différentes d'un même ensemble d'affections génétiques, inspirées à leurs auteurs par des contemporains, ce qui leur permet une grande précision clinique dans leurs descriptions.

Cette précision, qui atteste d'un grand souci de l'observation, permet de comprendre comment ces auteurs ont été amenés à s'intéresser à des personnages difformes de leur entourage. Entre toutes les maladies, celles qui se caractérisent par des malformations physiques sont les plus visibles à l'œil nu et se prêtent donc le mieux à l'observation et à la description qu'affectionnent de nombreux écrivains. De surcroît, "le monstre" est particulièrement fascinant parce qu'à l'instar du lépreux, il sort

des normes physiques de la société, ce qui le marginalise et ajoute à son image une dimension métaphorique propre à sensibiliser le lecteur.

Cette valorisation est bien entendu ambivalente et, tout comme le lépreux, le monstre oscille sur le plan culturel entre un pôle négatif, qui associe la monstruosité physique à la monstruosité de caractère, à la culpabilité et au péché, et un pôle positif, qui accentue le contraste entre un physique ingrat et un caractère pur, voire à la béatitude. Pour l'écrivain, il y a là un moyen aisé de caractériser ses personnages : le mauvais se reconnaît instantanément à certains traits physiques (pied bot, bosse, nez crochu) ou encore le bon monstre contraste avec le traître séduisant. Rares sont cependant les exemples culturels d'une approche objective du monstre ou du lépreux, dégagée de toute servitude symbolique.

Les écrivains envisagés ici n'échappent pas à cette constatation générale. Si brillantes soient leurs descriptions cliniques, si fortes soient leurs œuvres, si incontestables soient leurs qualités littéraires, la psychologie de leurs personnages de monstres reste souvent sommaire. Les mystérieux nains de Washington Irving ne constituent qu'un élément descriptif de couleur locale dans un conte régional. Le *Richard III* de Shakespeare est une caricature de caricature, reprenant et amplifiant les pires traits du révisionnisme de la tradition Tudor et tous les poncifs du monstre difforme et mauvais, de l'esprit malsain dans un corps malsain. Cette attitude est d'autant plus navrante que Shakespeare a su montrer sa clairvoyance en ce domaine en indiquant dans d'autres œuvres que, contrairement à l'opinion qui prévalait à son époque, il ne considérait pas les malformations comme indiquant des fautes de caractère.

Le style grandiose et lyrique de Victor Hugo décrit de façon très contrastée et puissante le Paris médiéval et en particulier sa cathédrale, mais les personnages y sont pris dans la tradition du roman gothique et participent de cette volonté de contraste : Quasimodo, l'âme pure dans un corps déformé, sert de bouffon et de repoussoir à Frollo, le sombre traître et à Phoebus, le séducteur insignifiant. Ce contraste se retrouve dans le drame de Bernard Pomerance, où l'Homme-Elephant, qui révèle une grande bonté et une sensibilité par delà son physique difforme, y est exploité par Frederick Treves, qui dissimule sous sa respectabilité toute victorienne sa véritable nature, opportuniste et ambitieuse.

Pour une vision plus nuancée et plausible de personnages comme l'Homme-Eléphant ou Richard III, il convient donc de consulter plutôt les études de Michael Howell et Paul Murray Kendall que les textes littéraires, ce qui n'ôte par ailleurs rien à leur valeur intrinsèque, puisque ce sont ces textes qui ont popularisé ces personnages.

Dans la littérature, les personnages malformés et les "monstres" ont en général une psychologie très tranchée. Les défauts physiques sont souvent associés soit à un mauvais caractère, soit au contraire à une extrême bonté. Illustration de Marti Van Maele pour LA SORCIÈRE *de Jules Michelet, 1911.*

◆

L'enquête médico-littéraire

Les enquêtes médico-culturelles se sont multipliées dans le courant du XXe siècle et la littérature a en particulier été abondamment explorée par le monde médical. Quelques enquêtes et analyses médicales menées par des médecins dans le domaine littéraire sont envisagées ici.

La maladie du semoneur des *Contes de Canterbury*

La couperose du visage touche surtout les femmes à partir de la quarantaine et peut s'accompagner de papules et de pustules d'acné rosacée, disgracieuses et très apparentes. Ceci est surtout vrai pour l'acné rosacée du nez, ou rhinophyma, forme particulière prédominante chez l'homme, donnant lieu à une hypertrophie. La dénomination populaire de trogne de buveur montre bien l'association persistante qui a été faite de tout temps entre cette affection, l'abus de bonne chère et la consommation d'alcool. Cette association, qui figure encore dans certains traités médicaux, semble actuellement totalement injustifiée.

De nombreux médecins, parmi lesquels F. Von Hebra, font remonter à l'époque romaine les premières allusions littéraires à l'acné rosacée. Ils se fondent invariablement sur le célèbre poème *De Pompilii Naso* (Le nez de Pompilius) qu'ils attribuent à un auteur latin inconnu des premiers siècles de notre ère. Le docteur J. D. Rolleston, intrigué de n'en retrouver nulle mention dans la littérature latine, parvient, au terme de longues recherches bibliographiques, à retrouver la trace de ce texte. Bien que rédigé en latin, ce poème est l'œuvre de l'humaniste français de la Renaissance Marc-Antoine Muret et figure dans son recueil *Juvenilia* (1553). La description du nez de Pompilius, long de quatre coudées et entouré d'un mur de chaque côté et de tours que Bacchus aurait peintes en rouge, évoque à un cas de rhinophyma tout en faisant allusion aux plaisirs de la table.

D'après Rolleston, l'acné rosacée fut d'abord décrite par le médecin arabe Avicenne (XIe siècle) et la première évocation littéraire, plus de cent cinquante ans avant celle de Muret, figurerait dans les *Contes de Canterbury* de Geoffrey Chaucer (1387); celui-ci fut très influencé par Avicenne mais il semble néanmoins s'être inspiré d'une description figurant dans l'œuvre d'un médecin contemporain français, Guy de Chauliac. Un des pèlerins des *Contes de Canterbury*, qui était semoneur (appariteur) aux tribunaux ecclésiastiques, aimait le vin rouge comme le sang, l'ail, les oignons. Débauché comme un moineau, il avait un visage chérubin écarlate, couvert de boutons et de pustules sur les joues. Aucun vif-argent, litharge ni soufre, borax, céruse ni huile de tartre, ni onguent nettoyant ou mordant ne put l'en débarrasser. Le lien entre l'acné rosacée et l'épicurisme gastronomique apparaît clairement, mais dans l'esprit de Chaucer, il n'est

La maladie du semoneur des CONTES DE CANTERBURY *a donné lieu à de nombreuses hypothèses, avant que ne s'impose finalement le diagnostic d'acné rosacée. Gravure sur bois pour* THE WORKES OF GEOFFREY CHAUCER, *édition de 1561.*

◆

Chez l'homme, l'acné rosacée atteint souvent le nez, aboutissant au faciès dit "trogne du buveur" (rhinophyma) comme ici dans le célèbre PORTRAIT D'UN VIEILLARD ET D'UN JEUNE GARÇON *de Domenico Ghirlandajo (1449-1494).*

◆

Falstaff, une des plus grandes créations comiques de la littérature, raille le nez de son compagnon Bardolph dans une tirade presque aussi célèbre que celle de Cyrano. Gravure pour les *Œuvres complètes* de Shakespeare.

pas péjoratif : la profession de semoneur était à l'époque impopulaire, car il était chargé d'appeler les coupables devant les cours d'église. Le personnage est cependant présenté comme étant "le meilleur compagnon, aimable, joyeux drille et homme de bon cœur", qui protégeait plutôt les petits pécheurs.

Pour Chaucer, le caractère frondeur et l'amour de la bonne table sont loin d'être des défauts. Un autre point d'intérêt de ce passage est un recensement de diverses préparations thérapeutiques en usage à la fin du Moyen Age et leur inefficacité contre la rosacée.

En proposant le diagnostic d'une rosacée pour la maladie du semoneur, Rolleston mettait fin à une longue controverse qui avait alimenté la littérature médicale, des diagnostics de gale, de lèpre et de syphilis ayant été antérieurement proposés. Mais en montrant l'antériorité du portrait du semoneur par rapport au poème consacré au nez de Pompilius, Rolleston n'avait pas pour autant identifié la première description littéraire de l'acné rosacée.

En effet, Rutebeuf, dans *La Disputaison de Charlot et du barbier* (XIIIe siècle) met en scène un barbier proxénète frappé en punition d'une lèpre à la face par saint Lazare. Charlot lui dit : "Barbier, viennent les groseilles, les groseillers sont en boutons, et je vous rapporte les nouvelles, que votre front est en bourgeons. Je ne sais si ce seront celles qui se créent aux environs du nez ; elles seront vermeilles et belles, avant qu'on les ait moissonnées." La description de cette lèpre évoque irrésistiblement une acné rosacée, auquel cas ce poème, antérieur de plus d'un siècle aux *Contes de Canterbury*, en serait la première évocation littéraire, jusqu'à ce qu'un texte antérieur soit éventuellement découvert.

La rosacée la plus célèbre de toute la littérature est sans doute celle de Bardolph, le compagnon de ripailles du truculent Falstaff, héros de nombreuses pièces de Shakespeare (*Les Joyeuses Commères de Windsor*, *Henri IV*, 1 et 2, *Henri V*). Dans une auberge, Bardolph a l'audace de faire remarquer à Falstaff que sa rondeur excessive est en relation avec une conduite en dehors de toute règle raisonnable. La réponse de Falstaff fuse : « Corrige donc ta figure et je corrigerai ma conduite. C'est toi, notre vaisseau amiral ; tu portes fanal en poupe, je veux dire au bout du nez ; tu es le Chevalier de la Lampe Ardente (...). Je ne puis voir ta figure que je ne pense au feu d'enfer et au mauvais riche qui vivait dans la pourpre ; car le voilà dans sa robe rouge qui brûle, qui brûle. Si tu étais de quelque façon porté à la vertu, je jurerais par ta figure ; je dirais : "par ce feu, c'est l'ange de Dieu". Mais tu es tout à fait perdu et si ce n'était la lumière de ton visage, tu serais le fils des ténèbres extérieures. Quand tu courais au haut de Gadshill la nuit pour attraper mon cheval, ne t'ais-je pas pris pour un feu follet, une boule de feu. Tu es une fête perpétuelle, un éternel feu de joie. Tu m'as épargné mille marcs de flambeaux et de

Dans un accès de folie misanthropique, Timon d'Athènes se retire dans une caverne. Gravure de Gibbon d'après J. Hayten pour le TIMON D'ATHÈNES de Shakespeare.

◆

torches en cheminant avec moi la nuit de taverne en taverne ; mais ce vin que tu m'as bu m'aurait acheté à bon compte les chandelles du plus cher épicier d'Europe (...) » (*Henri IV*, 1, III, 3).

Plus tard, la rosacée de Bardolph est à nouveau évoquée mais dans un contexte moins réjouissant : "Je crois que le duc n'a pas perdu un homme, sauf un seul qui doit être exécuté pour vol dans une église, un certain Bardolph, si votre Majesté connait l'homme. Sa figure n'est que pustules, bourgeons, boutons et flammes de feu ; ses lèvres servent de soufflet à son nez qui est comme un charbon de feu, tantôt bleu et tantôt rouge, mais son nez est exécuté, son feu éteint " (*Henri V*, III, 6).

Dans ces remarquables descriptions hautes en couleurs qui évoquent un cas d'acné rosacée avec rhinophyma, Shakespeare implique clairement la boisson et une vie dissolue comme étant les causes de la rosacée, sans cependant comme Chaucer y accorder une valeur péjorative.

Mais si le rhinophyma est à prédominance masculine, l'acné rosacée simple et la couperose touchent surtout les femmes. Un bel exemple figure dans *La Comédie des erreurs* de Shakespeare, où Dromion fait à Antipholus la description d'une fille de cuisine grassouillette qu'il compte épouser, en comparant chaque partie de son corps à un pays ; ainsi les Indes : "Sur son nez, tout embelli de rubis, d'escarboucles, de saphirs inclinant leurs riches couleurs vers la chaude haleine de l'Espagne qui envoyait des armadas entières de caraques se fréter au flux de son nez" (*La Comédie des erreurs*, III, 2).

Les lésions de rosacée sont bien entendu ici comparées aux pierres précieuses des Indes, certains mots faisant double sens. Shakespeare associe à ces lésions l'obésité et les vapeurs de cuisine.

Shakespeare montre ici de remarquables qualités d'observateur médical. Son œuvre est d'ailleurs riche en allusions médicales de toutes sortes. Cependant, les connaissances médicales de son époque étaient moins pointues, plus descriptives que de nos jours, donc plus accessibles à un intellectuel non médecin. Par ailleurs, Shakespeare lui-même, outre ses connaissances propres et sa curiosité, a sans doute bénéficié de l'influence de son beau-fils médecin. Ses observations et descriptions médicales atteignent souvent un haut degré de précision, en particulier dans *Timon d'Athènes*.

La maladie de Timon d'Athènes

Le personnage de Timon d'Athènes dans la version de Shakespeare (1608) a donné lieu à de nombreuses interprétations, en particulier dans le domaine médical.

Dans la version originale de Lucien de Samosate, Timon est présenté sous les traits d'un misanthrope ruiné à cause de la guerre du Péloponnèse. Il est abandonné de tous et demande réparation aux dieux, tant et si bien que Zeus lui restitue sa fortune. Aussitôt, ses anciens amis reviennent le voir mais Timon les chasse.

La démence de Timon d'Athènes, telle qu'elle est décrite par Shakespeare, suggère une origine syphilitique comme fondement médical. Hervé Pierre et Julian Négulesco dans une mise en scène de D. Pitoiset, Athénée, 1991.

◆

Shakespeare transforme le personnage, dont l'évolution psychique n'est qu'une inexorable dégradation. Au début de la pièce, Timon est un notable de la ville d'Athènes, chef civique, social et guerrier, intelligent, riche et responsable, alors que dans le texte de Lucien, il n'est qu'un simple citoyen athénien. Graduellement, sa générosité devient pathologique, il est pris d'idées de grandeur, son caractère se fait euphorique, ses facultés intellectuelles déclinent au point que les fraudes et les tromperies les plus évidentes de ses proches lui échappent. Son entourage le croit fou. Il en arrive à la ruine qu'il refuse de reconnaître et erre, malade, violent, colérique. Son langage devient ordurier et sa folie culmine le jour où, lors d'un festin, il fait venir des plats remplis non de mets, mais d'eau bouillante dont il asperge ses hôtes. Il se retire de la compagnie des hommes puis trouve un trésor et se réfugie dans une caverne. L'or sera sa terrible vengeance sur Athènes ; il soudoie le guerrier Alcibiade pour détruire la ville et des prostituées pour contaminer sa jeunesse. La pièce se termine par une apologie de la misanthropie et la mort de Timon.

Cette œuvre déconcerta de nombreux spécialistes. Certains, tel le docteur Parrot, pensaient que la dernière partie, dont certains passages pornographiques et violents contrastent avec un début très classique, n'était pas de la plume de Shakespeare. Il est plus convaincant de considérer, à la suite de médecins tels H. Woods et T. Hahn, que la dualité ne se trouve pas dans l'écrivain, mais bien dans le personnage, dont l'intellect est progressivement altéré par l'évolution d'un tableau neurologique, la paralysie générale ou méningo-encéphalite syphilitique, qui se caractérise précisément par des troubles psychiques, une dégradation intellectuelle, une labilité émotionnelle, une irritabilité pouvant mener à un tableau psychotique grave, avec démence agitée ou dépressive, délire mégalomane ou paranoïaque. Shakespeare se serait sans doute inspiré d'un contemporain.

On peut envisager le même diagnostic à propos d'un autre personnage de Shakespeare, Achille dans *Troïlus et Cressida* (1602) qui, après s'être réfugié dans sa tente, refuse de combattre. Agammemnon évoque son "farouche isolement", les "variations de sa fantaisie, comme si le cours de cette guerre ne dépendait que de son humeur". Ulysse constate qu'il "poursuit le cours de son humeur sans considération ni égard pour personne parce que tels sont son vouloir et son caprice. Des moindres riens, par le seul fait qu'on les lui demande, il en fait des choses importantes. Il est tout plein de son orgueil et de sa grandeur, divisé entre ses facultés mentales et actives, ébranlé jusqu'au délire et exerce sur lui-même sa fureur".

La dégradation d'une belle personnalité, la labilité émotionnelle, l'irritabilité, les idées de grandeur sont autant de caractéristiques qui peuvent effectivement évoquer la paralysie générale.

La Légende du joueur de flute de Hamelin, des frères Grimm, a donné lieu à de nombreuses interprétations, dont certaines hypothèses médicales. Dessin de Gérard Seguin.

◆

Deux remarques s'imposent ici. Tout d'abord, le fait que ces pièces aient pour cadre la Grèce antique n'implique pas que Shakespeare rejette l'origine américaine de la syphilis ; en effet, dans le théâtre élisabethain, les personnages s'expriment et se comportent toujours comme des contemporains. Par ailleurs, ces deux pièces datent d'une période où Shakespeare semble s'être particulièrement intéressé à la psychopathologie, ainsi que l'illustrent plusieurs exemples : Hamlet et Ophélie (*Hamlet*, 1601), Achille (*Troïlus et Cressida*, 1602), *Othello* (1602), Lady Macbeth (*Macbeth*, 1606), Jules César (*Antoine et Cléopâtre*, 1607), Lear et Edgar (*Le Roi Lear*, 1608) et Timon d'Athènes (1608). Ces tragédies hors du commun, les plus belles que Shakespeare ait écrites, évoquent un voyage au bout de la folie, un périple qui plongerait dans les fondements de la nature humaine.

L'interprétation médicale du *Joueur de flûte de Hamelin* et du *Fils ingrat* des frères Grimm

La célèbre légende du *Joueur de flûte de Hamelin* a donné lieu à diverses interprétations médico-culturelles et à de nombreuses versions littéraires, les plus connues étant celles de Goethe, Robert Browning, mais surtout des frères Grimm (*Deutsche Sagen*, 1816).

Cette dernière version ne se retrouve pas dans le recueil de contes (*Märchen*) mais dans celui des légendes (*Sagen*) ; elle repose donc sur des faits réels et bien circonstanciés (Basse Saxe, 1284) qui y trouvent une explication surnaturelle. L'histoire est celle d'un joueur de flûte au manteau multicolore (appelé *Bundting* en allemand, *Pied piper* en anglais), qui propose aux citoyens de Hamelin de débarrasser la ville de ses rats. Au seul son de sa flûte, il les entraîne jusqu'au fleuve Weser où ils se noient. Mais les habitants refusent de le payer et pour se venger, Bundting revient porteur d'un chapeau rouge et, toujours grâce à sa flûte, emmène les enfants de moins de quatre ans dans une caverne d'où ils ne reviendront plus. Seuls en réchapperont un retardataire, un aveugle et un sourd.

Dans cette légende, plusieurs éléments peuvent être rapprochés d'événements réels. Le métier de "dératiseur musical" existait bien à l'époque et était une spécialité bohémienne, les notes de musique étant choisies pour correspondre au cri du rat. La caverne pourrait symboliser une fosse commune où furent enterrés un grand nombre d'enfants. Une mortalité ponctuelle aussi importante évoque une épidémie. Celle-ci pourrait être symbolisée par le joueur de flûte (tel, par exemple, la mort rouge qui symbolise la peste chez Edgar Poe). Celui-ci est d'abord porteur d'un manteau multicolore, *bund*, *pied* c'est-à-dire pie, tantôt porteur d'un chapeau rouge. Dans une interprétation personnelle très libre, J. H. Dirckx propose que le manteau pie symboliserait une éruption cutanée en taches (maculeuse), disséminée, tandis que le bonnet rouge indiquerait que l'éruption a conflué pour devenir uniformément rouge (érythémateuse ou purpurique) sur l'ensemble du corps.

Si maladie il y a, elle atteint surtout les enfants en bas âge ou du moins leur est fatale plus facilement. Cette vulnérabilité infantile peut être liée à la maladie elle-même (épidémiologie, anticorps) ou au comportement des petits enfants (jeux, exploration, moindre mobilité). Enfin la maladie tue les rats avant les enfants, ce qui exclut une origine toxique, sans quoi l'atteinte serait concomitante. Les enfants pourraient avoir été contaminés en manipulant des rats morts, qu'ils auraient jeté dans le fleuve. L'élément fluvial pourrait cependant indiquer que les rats provenaient de navires ayant récemment accosté. En résumé, la légende du joueur de flûte symboliserait une maladie épidémique d'abord murine puis infantile. Elle est mortelle et se manifesterait par une éruption cutanée maculeuse disséminée puis érythémateuse ou purpurique confluente.

Une première hypothèse envisage le typhus murin (J. H. Dirckx). Dans ce cadre, les rats seraient morts d'une affection murine propre (le typhus n'est pas mortel pour eux) et les enfants auraient été contaminés en jouant avec les cadavres des rats. L'épidémie est limitée car les puces vectrices meurent. Cette hypothèse implique donc des facteurs extérieurs indépendants de la maladie elle-même, qui n'est pas mortelle pour le rat et qui ne touche pas préférentiellement les enfants.

Une deuxième hypothèse envisage la peste bubonique (E. H. Hankin) qui tue le rat avant l'homme. Cependant, il est peu vraisemblable que l'épidémie soit restée limitée aux enfants, que les décès n'aient pas été plus répartis dans le temps, ou que l'aspect cutané ait à ce point frappé, car il n'est présent que dans 10% des cas. Sur le plan historique, la première pandémie pesteuse ne parvint jamais jusqu'à Hamelin et la seconde n'allait se déclencher qu'un siècle plus tard. Aucune peste n'est mentionnée à cette époque dans cette région, alors que la maladie était connue.

Enfin, une troisième hypothèse considère qu'il est illusoire de relier tous les indices. Le manteau multicolore pourrait faire partie de l'habillement contrasté de l'époque, sans pour autant symboliser une maladie particulière. Les rats constitueraient une allusion à la Bible (Philistins) ou à l'Iliade (Apollon). La migration et la mort d'enfants évoquerait soit la célèbre croisade d'enfants de 1212, dirigée par Nicolas de Cologne, soit la migration de jeunes gens vers la Poméranie (début du XIIIe siècle), soit la bataille de Sedemünde (1259) où Hamelin se révolta contre l'évêque de Minden et au cours de laquelle de nombreux jeunes avaient trouvé la mort.

Si les légendes s'appuyant sur des faits réels constituent un terrain de choix pour les interprétations de toutes sortes, il est clair que les contes se prêtent moins favorablement aux hypothèses médicales, sauf

bien entendu psychanalytiques (Bruno Bettelheim, *Psychanalyse des contes de fées*).

Le docteur H. Kockel, de l'université de Leipzig, a cependant suggéré que les frères Grimm font allusion à un cas de lupus tuberculeux, ou tuberculose cutanée, dans le conte *Le Fils ingrat*. Un homme y cache une poularde afin de ne pas avoir à la partager avec son père. Lorsqu'il la récupère, elle s'est transformée en un crapaud qui lui saute au visage. Incapable de s'en débarrasser, il est condamné à errer de par le monde et à nourrir le crapaud, afin d'éviter que celui-ci ne lui mange la figure.

En admettant la métaphore d'une maladie de la peau, le jeune âge, la localisation centro-faciale, l'aspect de la peau (peau de crapaud), la chronicité, l'indolence et la mutilation progressive (*lupus vorax*) évoquent un lupus tuberculeux, mais d'autres diagnostics peuvent néanmoins être suggérés : syphilis, lèpre, granulome centrofacial, épithélioma... La punition du péché de tromperie et l'opprobre sociale avec errance de par le monde donnent à cette affection la même valeur morale que la lèpre.

Autant les descriptions de tuberculose pulmonaire ou phtisie sont fréquentes dans la littérature, autant le lupus tuberculeux y est rare. Cet exemple montre que la valeur métaphorique du lupus tuberculeux diffère de celle de la phtisie et se rapproche, en raison du lent délabrement de l'aspect corporel, de celle de la lèpre. Cette constatation est d'autant plus intéressante que lèpre et tuberculose sont provoquées par des bactéries de la même famille (mycobactéries).

L'interprétation criminelle de *La Lettre écarlate* de Nathaniel Hawthorne

La Lettre écarlate (1850) est l'œuvre la plus connue de l'écrivain Nathaniel Hawthorne et l'un des premiers chefs-d'œuvre de la nouvelle littérature américaine. Dans ce roman allégorique, une symptomatologie extrêmement riche, généralement interprétée comme résultant d'une névrose de culpabilité obsédante, s'avère correspondre également à un empoisonnement à l'atropine, ainsi que l'a suggéré J. A. Khan dans le *New England Journal of Medicine* en 1984.

L'œuvre évoque les conséquences morales de l'adultère ainsi que la réaction des protagonistes et de leur entourage dans une communauté puritaine de la Nouvelle Angleterre. La jeune brodeuse Hester Prynne est mariée au médecin anglais Roger Chillingworth resté dans son pays mais devant la rejoindre en Amérique. Son absence se prolonge et elle s'éprend du révérend Arthur Dimmesdale. Elle ne peut bientôt plus cacher le fruit de sa passion, la grossesse qui révèle publiquement l'adultère. La communauté condamne l'épouse infidèle à porter la lettre A écarlate brodée sur ses vêtements, afin qu'elle soit soumise au mépris populaire.

Dès lors, le révérend va vivre puis mourir dans les tourments de sa conscience, tout en dissimulant sa responsabilité dans l'adultère.

La Lettre écarlate de Nathaniel Hawthorne (1850) dépeint le comportement d'une communauté puritaine de la Nouvelle Angleterre face à une situation d'adultère. Frontispice de Ernest Smets pour l'édition en langue française parue en 1945.

Dans son œuvre, Nathaniel Hawthorne, un des premiers écrivains de la littérature américaine, a fréquemment utilisé la maladie physique comme métaphore de la personnalité et de la psychologie de ses personnages. Portrait de l'auteur.

◆

De retour après avoir été prisonnier des Indiens, le docteur perçoit en lui le père illégitime et va perpétrer progressivement sa vengeance. L'écriture allégorique d'Hawthorne donne à la première lecture l'impression d'une vengeance purement psychologique, le docteur entretenant chez le révérend une culpabilité obsessionnelle le menant graduellement à la folie et à la mort. Cependant, cet empoisonnement moral peut, dans toute l'ampleur de son expression, être interprété comme un empoisonnement physique, comme Hawthorne lui-même le suggère dans son journal.

De fait, le docteur Chillingworth, médecin traitant et proche du révérend, avait toute latitude de l'empoisonner progressivement à petites doses afin d'éviter toute suspicion. Hester Prynne, au centre du conflit, constate cependant que la présence régulière du médecin et ses traitements ne font qu'empirer l'état du révérend. Chillingworth est présenté comme très au fait des connaissances médicales de son temps, mais également des propriétés de certaines herbes, plantes et racines qu'il aurait acquises lors de son séjour parmi les Indiens. De plus, le roman précise qu'il se livrait à la cueillette de plantes dans les environs pour les distiller dans son laboratoire et en extraire diverses drogues et qu'il avait été associé à un médecin impliqué dans une affaire d'empoisonnement.

Quelle est la nature du poison dont, de toute évidence, Hawthorne suggère l'emploi? La clé se trouve dans une vision d'Hester Prynne, qui imagine son mari disparaître dans quelque endroit désolé et désert "où, en temps voulu, apparaîtra de la belladone et de la jusquiame".

La belladone et la jusquiame sont deux plantes de la famille des solanacées qui contiennent de dangereux alcaloïdes, tels l'atropine, la scopolamine et l'hyosciamine. Leurs propriétés médicales et toxiques sont connues depuis l'Antiquité et elles furent parmi les poisons les plus utilisés au Moyen Age. Hawthorne connaissait bien les herbes et les plantes toxiques de son époque et avait déjà évoqué, dans *La Fille du Rappaccini*, nouvelle antérieure à *La Lettre écarlate*, le thème du médecin manipulant et cultivant des plantes vénéneuses.

L'atropine (d'après Atropos, la plus âgée des trois Parques, qui tranchait le fil de la vie que ses sœurs filaient et tissaient), utilisée en médecine comme tachycardiaque (accélérateur du rythme cardiaque), antispasmodique ou mydriatique (dilatateur des pupilles, d'où le terme belladone, de l'italien *bella donna*, belle dame), provoque une symptomatologie ophtalmique (troubles visuels, yeux secs, pupilles dilatées), cardiaque (pouls faible et rapide, flush intermittent suivi de pâleur), cutanée (peau chaude et sèche, éruption érythémateuse prédominante sur le tronc), buccopharyngée (difficulté de langage et de déglutition consécutive à l'absence de salivation), psychomotrice (incoordination mus-

culaire, convulsions), et neuropsychiatrique (confusion, comportement psychotique, hallucinations visuelles et auditives). Nombre de ces signes se retrouvent dans la description de l'évolution pathologique du révérend Dimmesdale mais doivent être discernés dans les méandres de la prose symbolique d'Hawthorne.

On peut relever ainsi des allusions à la dilatation des pupilles, à l'atteinte cardio-vasculaire, aux difficultés de langage et de déglutition, aux troubles psychomoteurs, aux hallucinations visuelles.

A la fin du récit, Dimmesdale déchire sa chemise d'un geste convulsif et meurt peu après en se confessant publiquement. Ce faisant, il révèle, sous les regards horrifiés de la foule, la lettre écarlate, le stigmate de la culpabilité qui marquait sa poitrine.

Dans la conclusion, Hawthorne autorise plusieurs interprétations de ce stigmate et, partant, de l'origine des maux du pasteur. Soit le stigmate résultait des drogues magiques et empoisonnées de Chillingworth et correspondrait dès lors à l'éruption érythémateuse tronculaire de l'intoxication atropinique. Soit il serait plus ancien et consécutif à une automutilation que le pasteur s'infligeait par punition en écho à la marque que supportait sa maîtresse. Une origine psychosomatique liée au remords, voire même l'absence de toute marque, sont également évoquées. Cette conclusion ouverte correspond au souhait de l'auteur de symboliser la maladie morale ou spirituelle par la maladie du corps, même si certains ne manquèrent pas de s'offusquer de la banalisation d'un des grands documents moraux de la littérature américaine par une explication médicale. Cependant pour Hawthorne lui-même, l'hypothèse de l'empoisonnement physique n'exclut pas celle de l'empoisonnement moral, mais en constitue une métaphore.

Nathaniel Hawthorne a d'ailleurs présenté des affections chargées d'une valeur métaphorique dans certaines de ses nouvelles fantastiques. Dans *Le Manteau de Lady Eleanor* (1842), une épidémie de variole ravageant Boston est causée par le manteau brodé d'une jolie femme aristocratique et orgueilleuse, fière de sa distinction, drapée dans son manteau comme dans son orgueil. L'épidémie symbolise ce lien confraternel avec l'humanité qu'elle a toujours rejetée. Il est assez inhabituel, sur le plan de la métaphore, qu'un fléau collectif, proche de la peste, survienne en conséquence d'un péché individuel, en l'occurrence le péché d'orgueil, habituellement sanctionné par la lèpre.

Dans *La Marque de naissance*, la protagoniste est à l'inverse une femme parfaite sur le plan physique et du caractère. Elle a néanmoins une petite tache de naissance sur la joue droite que d'aucuns considèrent comme mettant bien en valeur son teint de lait. Son mari, homme de science très savant, estime que cette marque est disgracieuse. Cette idée devient chez lui une obsession et il propose à sa femme de prendre une drogue de sa fabrication qui fera dispa-

Les amants adultères sont condamnés à souffrir. L'épouse infidèle doit porter la lettre "A" écarlate brodée sur ses vêtements. Quant au pasteur, il subit la vengeance morale et sans doute physique du mari trompé. Séquence du film La Lettre écarlate, *de Wim Wenders, 1972.*

◆

Dans L'AVENTURE DU DÉTECTIVE AGONISANT, Sherlock Holmes simule une maladie tropicale pour confondre un assassin utilisant une arme bactériologique. Illustration de Frederic Dorr Steele pour COLLIER'S MAGAZINE, 1913.

◆

raître la tache. Elle accepte par amour mais au fur et à mesure que la marque s'estompe, la femme s'étiole puis meurt, l'empêchant d'atteindre la perfection convoitée inaccessible en ce monde. Ce conte allégorique illustre l'insatisfaction et la vanité de la nature humaine et dénonce le caractère prométhéen du chercheur, dont le prototype est le célèbre Frankenstein.

Une maladie tropicale servant d'arme dans une aventure de Sherlock Holmes

L'Aventure du détective agonisant, d'Arthur Conan Doyle, peut être à son tour l'objet d'une démarche similaire.

Au début des années 1890, le planteur et bactériologiste amateur Culverton Smith a assassiné son neveu Victor Savage, pour motif d'héritage, à l'aide d'une boîte en ivoire contenant un ressort se terminant par une pointe imprégnée d'un agent infectieux très contagieux, mortel en quelques jours et inconnu des médecins anglais. L'agent a été prélevé sur des coolies contaminés dans sa plantation de Sumatra, mis en culture sur gélatine et acheminé à Londres. Smith envoie ensuite une autre boîte à Sherlock Holmes pour s'en débarrasser. Après quoi, Holmes devient fiévreux, anorexique, abattu. Le docteur Watson tente de le soigner mais Holmes l'éloigne, invoquant la contagion. Watson propose de faire appel à un grand spécialiste londonien en médecine interne, voire à un spécialiste en maladies tropicales, mais Holmes lui demande d'aller chercher Smith, qui a particulièrement étudié cette affection.

Smith arrive pour savourer son succès et narguer le détective agonisant, mais se fait arrêter par des policiers dissimulés après s'être vanté de son stratagème. Holmes s'était en effet gardé d'ouvrir le colis et avait mimé la maladie afin d'attirer Smith et de provoquer sa confession par un savant maquillage : vaseline sur le front, belladone dans les yeux, pourpre sur les pommettes, cire d'abeille sur les lèvres (herpès), agrémenté d'un jeûne de trois jours.

Le diagnostic de cette affection doit tenir compte de plusieurs éléments, notamment d'un germe exotique, peu familier aux Anglais, cultivable, très contagieux et mortel. Une première hypothèse envisage l'anthrax ou charbon (W. B. Ober). *Le Bacillus anthracis* est effectivement cultivable et mortel par inoculation, mais la maladie n'est pas contagieuse et était bien connue des médecins londoniens de l'époque, de W. Osler en particulier.

Une deuxième hypothèse (W. B. Ober) envisage le typhus des broussailles d'Extrême-Orient (*scrub typhus*, *tsutsugamushi*) qui avait été d'abord étudié par les Hollandais à Sumatra. L'affection est aussi dénommée fièvre acarienne de Sumatra ou pseudotyphus de Sumatra. L'absence d'éruption dans la description s'explique par une atteinte nerveuse précoce, avec décès en quatre jours. Cependant, le taux de mortalité varie de 1 à 60% suivant les souches, ce qui est faible pour

une arme criminelle, et l'agent infectieux n'était pas cultivable à l'époque (gélatine simple ou agar).

Dès lors, une dernière hypothèse (N. J. Ehrenkranz), qui semble de loin la plus plausible, envisage la peste bubonique. En effet, au moment où Conan Doyle a rédigé sa nouvelle, au début du XXe siècle, une violente épidémie ravageait l'Extrême-Orient alors que Londres n'en avait plus connue depuis plus de deux siècles.

Le *Lancet*, que Conan Doyle lisait, se fit l'écho de cette épidémie ainsi que des découvertes bactériologiques de Yersin qui isola le bacille de la peste (*Yersinia pestis*) en 1894. Le germe était alors cultivable sur agar, et pouvait résister au transport dans ces conditions. Bien qu'étant d'actualité pour l'auteur au moment de la rédaction de l'aventure, la maladie était cependant imprévisible à Londres pour les protagonistes (au moment des événements racontés). Culverton Smith apparaît dès lors comme un précurseur malfaisant de Yersin.

L'inoculation peut vraisemblablement provoquer une forme septicémique rapidement mortelle, bien que personne ne l'ait jamais vérifié. Toutefois, une anecdote authentique recoupe étrangement ce récit et vient confirmer l'hypothèse pesteuse.

En 1933, Amar Pandy est sauvagement attaqué à la gare de Calcutta par un inconnu qui lui enfonce un objet pointu dans le bras. Trois jours plus tard, il est hospitalisé dans un état grave et meurt peu après. Les hémocultures s'avèrent positives pour *Yersinia pestis*. Le diagnostic médical conclut à une peste septicémique. Toutefois, en raison de l'absence de cas de peste dans la région depuis plusieurs années, l'avoué d'Amar Pandy suspecte une origine criminelle et parvient à établir que Benoy Pandy, beau-frère du défunt et héritier de celui-ci, aurait réussi à se procurer frauduleusement une culture de bacille pesteux à l'institut Haffkine de Bombay. Il fut condamné pour meurtre avec préméditation. Benoy Pandy avait-il lu Conan Doyle ? Une fois de plus, la réalité dépassait la fiction, mais ici en la plagiant curieusement.

La grande épidémie de peste qui sévit en Orient à la fin du siècle dernier a vraisemblablement inspiré l'arme bactériologique imaginée par Conan Doyle dans L'AVENTURE DU DÉTECTIVE AGONISANT. *"La peste à Bombay", 1897.*

◆

L'écrivain, observateur médical

Si cet ouvrage a fait la part belle aux détectives et surtout aux qualités de certains médecins, il faut à présent souligner le rôle primordial des écrivains. C'est entre autres grâce au talent de Conan Doyle, Bernard Pomerance, Shakespeare, Bram Stoker et Victor Hugo que Sherlock Holmes, l'Homme-Eléphant, Richard III, Dracula et Quasimodo ont acquis une dimension mythique. Les dons d'observation et d'écriture d'écrivains tels Chaucer, Irving, Hawthorne, Conan Doyle, pour reprendre certains des exemples présentés, ont permis au monde médical de diagnostiquer certaines pathologies décrites dans leurs œuvres.

Quelques écrivains ont même été plus

Dans son roman UNE HISTOIRE SANS NOM, paru en 1882, Jules Barbey d'Aurevilly décrit une forme particulière d'anémie auto-provoquée qui ne sera identifiée médicalement que près d'un siècle plus tard grâce à ce texte, et à laquelle sera donné le nom de l'héroïne du roman (syndrome de Lasthénie de Ferjol). Portrait de l'auteur par E. Levy.

◆

loin dans l'observation et la déduction en décrivant ou diagnostiquant certaines maladies avant qu'elles ne soient rapportées dans la littérature médicale. Un bel exemple est celui de Goethe, qui considérait que le plus difficile pour un écrivain était ce que l'on pensait être le plus aisé, c'est-à-dire "voir avec les yeux ce qui se trouve devant les yeux". Il a brillamment appliqué cette sentence lors d'un voyage au Tyrol, au cours duquel il est frappé par la peau brun sale, rugueuse et l'aspect cachectique des paysans locaux, surtout les femmes et les enfants. Il constate que les hommes sont moins atteints, et que les citadins sont épargnés. Il trouve comme facteur prédisposant une alimentation à base de maïs et de lourdes tâches extérieures, avec prédominance printanière lorsque les travaux des champs reprennent.

Avec cette acuité qui l'a placé au rang de génie universel et de géant des lettres, Goethe, au terme d'une véritable enquête médicale, évoque ici pour la première fois la pellagre, maladie carentielle dont les premières descriptions médicales ne seront rapportées que quelques décennies plus tard par Casal. La pellagre est due à une carence alimentaire en vitamine PP (*Pellagra Preventing*) et se rencontre surtout chez les femmes de vingt à quarante ans et les enfants de neuf à quinze ans ayant un régime à base de maïs. La maladie est rurale, saisonnière, avec des poussées au printemps, les crises étant alors précipitées par la combinaison du régime alimentaire hivernal, de l'exposition au soleil et du travail plus important.

La pellagre est caractérisée par les quatre D : diarrhée, dermatose, démence et décès. La dermatose, dont la cause est une sensibilité aux rayons solaires (photosensibilité), débute par une rougeur mimant un coup de soleil, suivi d'une desquamation et d'un aspect rugueux brunâtre résiduel.

On ne peut qu'admirer la justesse des observations et des déductions de Goethe en les comparant aux connaissances modernes. Ces qualités furent d'ailleurs reconnues de son vivant lorsqu'il reçut en 1825 le titre de docteur honoris causa de la faculté de médecine de l'université d'Iena. Dans sa lettre de remerciements, Goethe répondit qu'il pensait avoir quelque peu mérité cet honneur, pour n'avoir jamais négligé les rudiments de la médecine.

Le cas de Jules Barbey d'Aurevilly est dans une certaine mesure encore plus extraordinaire, car c'est sa description littéraire d'une forme particulière de pathomimie (imitation d'une pathologie volontairement auto-provoquée) qui a permis, près d'un siècle plus tard, la découverte et le diagnostic médical de l'affection en question.

Cette description figure dans *Une histoire sans nom* (1882), qui est sans doute le chef-d'œuvre de Barbey d'Aurevilly et l'un des romans marquants de la littérature française du XIXe siècle. L'action se déroule à la fin du XVIIIe siècle. L' héroïne, Lasthénie de Ferjol, vit dans un château isolé du Forez avec une vieille servante et une mère bigote. Celle-ci offre l'hospitalité à un prêtre sans scrupules qui viole Lasthénie en profitant d'une de ses crises de somnambulisme. Elle se retrouve enceinte puis accouche d'un enfant mort-né sans comprendre ce qui lui arrive. Sa mère l'accable de questions, la méprise, la rejette. Petit à petit, Lasthénie s'affaiblit, languit, pâlit. Jusqu'au jour où elle est retrouvée morte avec dix-huit épingles fichées dans la région du cœur. Par la suite, grâce à la découverte d'une bague que le prêtre avait volée à Lasthénie, Madame de Ferjol pourra le poursuivre de sa vengeance jusqu'à sa mort.

Il s'agit ici d'un cas classique mais particulier de pathomimie par laquelle Lasthénie cherche un moyen de communication non verbal avec sa mère et qui constitue un appel à l'aide dans le cadre d'une situation vécue comme incompréhensible et rendue d'autant plus pénible par le rejet maternel. Le profil de Lasthénie - introvertie, fragile, avec difficultés de communication - correspond à celui des pathomimes. La maladie précise est ici l'anémie hypochrome ferriprive, qui fut en vogue à l'époque romantique (chlorose) avec ses signes associés de pâleur, de langueur et d'affaiblissement, que Lasthénie s'inflige par de petites hémorragies successives provoquées à l'aide d'épingles. Dans ce contexte, le choix du prénom de l'héroïne est significatif.

En 1967, Jean Bernard et d'autres hématologues de l'hôpital Saint-Louis à Paris réunissent douze observations d'anémie hypochrome dues à des hémorragies volontairement provoquées et dissimulées. Les cas sont tous des personnes jeunes, de sexe féminin, exerçant une profession paramédicale, et avec un profil de personnalité caractéristique. Jean Bernard décide de dénommer cette forme particulière de pathomimie "syndrome de Lasthénie de Ferjol", en hommage à Barbey d'Aurevilly, car c'est grâce à son texte que le diagnostic exact a pu être posé. La fiction avait ici remarquablement précédé la réalité.

En 1983, une variante dermatologique de ce syndrome était présentée aux Journées de l'hôpital Saint-Louis. Une jeune fille de quatorze ans s'infligeait des emphysèmes sous-cutanés multiples, récidivants, en s'injectant de l'air sous la peau à l'aide d'une seringue. De nos jours, la langueur n'impressionne plus personne et il faut donc une pathologie plus rapide et plus spectaculaire pour attirer l'attention d'autrui...

Un autre écrivain français du XIXe siècle, Guy de Maupassant, s'intéressait lui aussi à la psychopathologie, suivant assidûment les démonstrations de Charcot à la Salpêtrière, visitant régulièrement les asiles (on sait que cet intérêt résultait de douloureuses résonances personnelles et que Maupassant, à l'instar sans doute de Timon d'Athènes, souffrait de paralysie générale syphilitique). Dans une de ses nouvelles, *Madame Hermet*, il décrit un cas de dysmorphophobie (conviction d'une altération pathologique de l'image corporelle non objectivée)

C'est en lisant la description figurant dans LE CHEVAL PÂLE *d'Agatha Christie qu'une infirmière put reconnaître les signes cliniques d'une intoxication au thallium chez un enfant hospitalisé. Illustration pour la couverture du roman, 1961.*

◆

l'année même où cette entité fut dénommée par Morselli (1886) et quatre ans après *Une histoire sans nom*.

Le protagoniste de cette nouvelle qui, comme Maupassant lui-même, est attiré par les fous, visite un asile. Le médecin l'emmène dans une cellule où une femme âgée d'une quarantaine d'années, encore belle, regarde son visage dans la glace. Dès qu'elle aperçoit les visiteurs, elle se couvre la figure d'un voile. Quand le médecin lui demande de ses nouvelles, elle répond que le nombre de marques sur son visage augmente et qu'elle est défigurée. Le médecin lui propose alors de cautériser les cicatrices et touche ses joues avec un petit pinceau, à la grande surprise du protagoniste qui ne voit aucune marque sur son visage. Elle se tourne alors vers lui et lui annonce que c'est en soignant son fils qu'elle a été ainsi défigurée, et que désormais elle n'ose plus se montrer à ses yeux. Reprenant un miroir, elle se déclare satisfaite du traitement.

Lorsqu'ils sortent de la cellule, le médecin raconte au protagoniste l'atroce histoire de cette femme. Veuve devant élever seule un fils unique, elle compensait le vide de sa vie par une fixation sur sa beauté et son désir de plaire. Mais l'outrage des ans fane lentement toutes les splendeurs, et Madame Hermet passait de plus en plus de temps à contempler dans un miroir les stigmates du vieillissement. Un jour, son fils contracta la petite vérole. Elle poussa un cri et se sauva. De parfum en désinfectant, elle tenta de se protéger contre la contagion, contre cette terrible maladie qui anéantit en quelques jours les beautés les plus éclatantes. Jamais, malgré son amour, elle ne put s'occuper de son fils moribond, et quand celui-ci, à l'agonie, lui demanda de la voir une dernière fois par le balcon de la fenêtre, à travers la vitre, elle se déroba au dernier moment. Quand le jour parut, il était mort. Le lendemain, elle était folle.

Cette remarquable nouvelle, œuvre de Maupassant au sommet de son art, montre un cas extrême mais classique de dysmorphophobie. Le profil d'une femme de quarante ans, obsédée par son image corporelle, dépressive, développant une névrose phobique en relation avec son obsession, est caractéristique. La décompensation psychotique déclenchée par le choc du décès de l'enfant, fréquente dans de tels cas, donne à cette nouvelle une dimension tragique exceptionnelle.

Tout comme dans le cas de Barbey d'Aurevilly, un roman d'Agatha Christie a permis de poser un diagnostic médical précis dans un contexte toutefois différent.

Durant les années 1970, une petite fille de douze mois, originaire du Quatar, est hospitalisée d'urgence à l'hôpital d'Hammersmith, à Londres, pour un tableau clinique aigu comprenant dégradation psychomotrice et neurologique, convulsions et ataxie. L'enfant présente en outre une symptomatologie dermatologique importante, avec une éruption hyperpigmentée du siège, des lignes blanches transversales sur les ongles (lignes de Mees) et une perte de cheveux.

Alors que les médecins tergiversent, une infirmière suggère un empoisonnement au thallium, car les signes correspondent à ceux décrits dans un roman policier d'Agatha Christie qu'elle est en train de lire, *Le Cheval pâle* (un pharmacien, Zacharias Osborn, y choisit cette arme criminelle inhabituelle). Un dosage urinaire de thallium montre un taux dix fois supérieur à la normale. Le médecin responsable fait mander un expert, Graham Young, emprisonné à vie dans une prison voisine pour avoir expérimenté le toxique sur des lapins, puis sur des humains, y compris ses parents et certaines connaissances. Young confirme le diagnostic et suggère comme origine un poison pour rongeurs et cafards que l'enfant aurait ingurgité par inadvertance. Un traitement au bleu de Prusse et au chlorure de potassium est appliqué. Après trois semaines, l'amélioration clinique est nette et le thallium a disparu des urines. Quatre mois plus tard, l'enfant reste ataxique mais marche avec aide.

Il n'est pas banal qu'une réalité dramatique ait pu être éclaircie grâce au concours d'un criminel et d'un ouvrage de fiction. Suite à ce cas, le dosage du thallium fut introduit dans le screening toxicologique de cet hôpital, "au cas où l'ouvrage d'Agatha Christie viendrait à être épuisé". Mais vu le succès mondial persistant de la reine du crime, cette éventualité peut être exclue.

Par la précision de sa description, Agatha Christie a donc indirectement permis un diagnostic d'intoxication au thallium. Elle se montre ainsi digne de son maître Arthur Conan Doyle, qui avait lui diagnostiqué une intoxication au plomb.

Nombre d'écrivains sont de fait d'aussi habiles observateurs du corps que du cœur humain et auraient pu être d'excellents médecins. S'ils ne possèdent pas tous la rigueur spécifique de Conan Doyle ou d'Agatha Christie, leur sensibilité littéraire leur permet souvent des descriptions précises, voire une perception remarquable du diagnostic médical. Comme le constatait lui-même le créateur de Sherlock Holmes : "Si la vérité dépasse la fiction, celle-ci peut parfois atteindre des sommets étonnants de vraisemblance".

Liste thématique commentée des œuvres et sources littéraires consultées

INTRODUCTION

DOYLE A. Conan, *Souvenirs et Aventures (Memories and Adventures), 1924.* Evocation de J. Bell, modèle médical de Sherlock Holmes. « La crinière du lion » (« The Lion's mane ») et « L'aventure du soldat blanchi » (« The Adventure of the blanched Soldier »), *in Archives sur Sherlock Holmes (The Case Book of Sherlock Holmes), 1927.* Deux enquêtes dermatologiques de Sherlock Holmes.
FREEMAN A. Austin, « A Fisher of Men », « The Case of the white Foot Print » et « The New Jersey Sphinx ». Nouvelles parues entre 1909 et 1942, non traduites en français, rassemblées dans *The Best Dr Thorndyke's Detective Stories,* 1973. Enquêtes dermatologiques du docteur J. Thorndyke, successeur de Sherlock Holmes.
BELL J., *Au domaine interdit (Murder in Hospital),* 1937. Seul roman traduit en français de celle qui avait pris comme pseudonyme, au féminin, le nom du modèle médical de Sherlock Holmes.
SALE R., *Lazare n° 7 (Lazarus # 7),* 1941. Le docteur S. Mason enquête sur une criminelle lépreuse.
BENSON B., *Tendres Aveux (The End of Violence),* 1959. Le docteur Kronkhite, dermatologue, diagnostique un cas de dermatographisme.
GOENS J., « Sherlock Holmes, Jack the Ripper and the Elephant Man », *in The Case Book of Sir James Saunders* (en préparation). Récit fictif qui est à l'origine de cet ouvrage.

L'HOMME-ÉLÉPHANT

MERRICK J.C., *The Autobiography of Joseph Carey Merrick* (1862-1890). Rédigé en 1885.
DOYLE A. Conan, « Le Pensionnaire en traitement » (« The Resident's patient »), *in Souvenirs sur Sherlock Holmes (The Memories of Sherlock Holmes),* 1893. Un des protagonistes, le docteur P. Trevelyan, est une transposition romanesque de F. Treves.
TREVES F., *The Elephant Man and other Reminiscences,* 1923. Source principale de la pièce et du film.
POMERANCE B., *Elephant Man* (1977-1980). Pièce de théâtre, première en 1977, publiée en 1980.
SPARKS C., *The Elephant Man,* 1981. Roman, à partir du film.

RICHARD III

MORE Th., *Histoire du roi Richard III (History of King Richard III),* 1513. Version « Tudor ».
HALL E., *L'Union des deux nobles et illustres familles de Lancastre et d'York (The Union of the two noble and illustre Families of Lancaster and York),* 1542-1548. Version « Tudor ».
HOLINSHED R., *Chroniques (Chronicles of England, Scotland and Ireland),* 1577-1587. Version « Tudor ».
SHAKESPEARE W., *Henri VI (Henry VI),* 1590-1595. *Richard III (The tragedy of King Richard the Third),* 1597.
WALPOLE H., *Doutes historiques sur la vie et le règne du roi Richard III (Historic Doubts on the Life and Reign of King Richard III),* 1860. Première tentative de réfutation de la version « Tudor ».
TEY J., *La Fille du temps (The Daughter of Time),* 1951. Roman policier réhabilitant Richard III.

LOUPS-GAROUS

Sources primaires

DE SIDE Marcellus, Athènes, Ier siècle et ORIBASE, Constantinople, IVe siècle, Fragments d'écrits médicaux *in Encyclopaedia Metropolitana,* Londres, 1845.

AETIUS (médecin), *De Melancholia*, Rome, Ve-VIe siècles.
D'EGINE Paul (médecin), *Les Sept Livres de Paul d'Egine*, Alexandrie, VIIe siècle.
SPRENGER J. et KRAMER H. (inquisiteurs dominicains), *Malleus Maleficarum*, Francfort, 1486.
FERNEL J. (médecin), *De Abditis Rerum Causis*, Paris, 1548.
WIER J. (médecin), *De Praestigiis Daemonum*, Bale, 1563.
PARÉ A. (médecin), *Des monstres et prodiges*, Paris, 1573.
BODIN J. (juge), *De la démonomanie des sorciers*, Paris, 1580.
SCOT R. (humaniste), *The Discoverie of Witchcraft*, Londres, 1584.
BOGUET H. (juge), *Discours des sorciers*, Lyon, 1590.
WOLFESHUSIUS J.F. (médecin), *De Lycanthropis*, Leipzig, 1591.
RÉMY N. (juge), *Daemonolatria*, Lyon, 1595.
Jacques Ier (Roi d'Angleterre), *Daemonologie*, Edimbourg, 1597.
DEL RIO M. (jésuite, ancien juge), *Disquisitonum Magicarum*, Louvain, 1599.
VERSTEGEN R. (médecin), *A Restitution of decayed Intelligence in Antiquities*, Anvers, 1605.
GOULART S. (historien), *Histoires admirables et mémorables*, Paris, 1607.
DE LANCRE P. (juge), *Tableau de l'inconstance des mauvais anges et démons*, Paris, 1613.
DE NYNAULD J. (médecin), *De la lycanthropie*, Paris, 1615.
BURTON R. (humaniste), *The Anatomy of melancholy*, Londres, 1621.
WEBSTER J. (médecin), *The Displaying of supposed witchcraft*, Londres, 1677.

Les loups-garous dans la littérature

Hérodote, *Histoires*, Ve siècle av. J.-C.
DE SICILE Diodore, *Bibliothèque historique*, Ier siècle av. J.-C.
VIRGILE, « Moéris », *in Les Bucoliques (Bucolica)*, Ier siècle av. J.-C.
OVIDE, « La légende de Lycaon », *in Les Métamorphoses (Metamorphoseis)*, Ier siècle av. J.-C.
PÉTRONE, « Histoire de Niceros », *in Le Satiricon*, Ier siècle ap. J.-C.
PLINE L'ANCIEN, *Histoire naturelle (Naturalis Historia)*, Ier siècle ap. J.-C.
PAUSANIAS, *Description de la Grèce*, IIe siècle ap. J.-C.
DE FRANCE Marie, « Le lai du Bisclavaret » *in Lais*, 1180.
Roman de Guillaume de Palerne, date inconnue.
Arthur and Gorlagon, XIVe siècle. Conte celtique du cycle arthurien.
MALORY Th., *Le Morte d'Arthur*, 1470.
WEBSTER J., *La Duchesse d'Amalfi (The Duchess of Malfi)*, 1614.
CERVANTES, *Les Travaux de Persilès et de Sigismonde (Los Trabajos de Persilès y Sigismunda)*, 1617.
BYRON Lord, *Don Juan*, 1824. Lycanthropie psychologique.
MENZIES S., *Hughes, le loup-garou (Hugues, the Wer-Wolf)*, 1838. Classique gothique avec transformation active.
MARRYAT F., « Le loup blanc du massif du Hartz » (« The White Wolf of the Hartz Mountains ») *in Le Vaisseau fantôme (Ghostship)*, 1839. Légende allemande. Une des histoires les plus connues.
DUMAS A., *Le Meneur de loups*, 1857. Transformation volontaire résultant d'un pacte avec le diable.
SAND G., « Le meneu' de loups », *in Légendes rustiques*, 1858.
DE COSTER Ch., « Weerwolf », *in La Légende d'Ulenspiegel*, 1867. Faux loup-garou assassin dans une vieille légende flamande.
ERCKMANN-CHATRIAN, *Hugues-le-loup*, 1869. Un classique lycanthropique.

DE MAUPASSANT G., « Le Loup », *in Clair de lune*, 1884. Lycanthropie psychologique.
STEVENSON R.L., *Dr Jekyll and Mr Hyde*, 1886. Transformation centrée sur la personnalité.
STEVENSON R.L., *Olalla*, 1887. Lycanthropie présentée comme une tare héréditaire avec une reconstitution remarquable de l'atmosphère dans une famille aristocratique consanguine.
CAMPBELL Sir G., *La Louve blanche de Kostopchin (The White Wolf of Kostopchin)*, 1889. Louve-garou ; humour noir et ambiance gothique.
KIPLING R., « La marque de la bête » (« The Mark of the beast ») *in Life's Handicap*, 1889. Transformation passive punitive, par l'auteur du *Livre de la jungle*.
HOUSMAN Cl., *Fourrure blanche (The Were-wolf)*, 1896. Louve-garou ; très beau récit allégorique, considéré comme une des meilleure nouvelles lycanthropiques.
LONDON J., *L'Amour de la vie (Love of Life)*, 1900. Un très beau conte du grand nord, par l'auteur de *L'Appel de la forêt* et de *Croc-blanc*.
SAKI (H.H. Munro), « Gabriel Ernest » *in Reginald in Russia*, 1910. « The She-Wolf » *in Beasts and Superbeasts*, 1914. Contes humoristiques, par un des meilleurs "novelistes" anglais.
KITZBERG A., *Loup-garou*, (*Libahunt*), 1912. « La » pièce de théâtre lycanthropique. D'après une légende estonienne.
NORRIS F., *Vandover et la Brute (Vandover and the Brute)*, 1914. Lycanthropie psychologique ; par l'un des chefs de file du mouvement réaliste américain.
BLACKWOOD A., *Running Wolf*, 1921. Transformation passive rédemptrice.
KERUISH J.D., *Le Monstre immortel (The undying Monster)*, 1922. Lycanthropie héréditaire et roman policier.
QUINN S., Nombreux récits lycanthropiques par l'auteur-vedette de *Weird Tales*, parus entre 1923 et 1952, certains réédités *in Is the Devil a gentleman ?*, 1970.
HARWOOD R., « La vengeance de la fiancée » (« Werewolf ») *in Weird Tales*, 1924. Louve-garou, jalousie et vengeance.
HOWARD R.E., « Dans la forêt de Villefere » (« In the Forest of Villefere »), 1925 ; « Le Loup-garou » (« Wolfshead »), 1926, *in Weird Tales*, réédités *in Le Pacte noir*, 1979. Par l'auteur de *Conan le Barbare*.
MUNN H.W., « Le loup-garou de Ponkert » (« The Werewolf of Ponkert ») *in Weird Tales*, 1925, et autres récits lycanthropiques rassemblés *in Tales of the Werewolf clan, 1979*. Loup-garou narrateur.
DICKSON CARR J. (alias Carter Dickson), *Le Marié perd la tête (It Walks by Night)* 1929. Roman policier, par un des maîtres du genre.
BILL A.H., *The Wolf in the Garden*, 1931. Les mésaventures du comte de Saint-Loup pendant la Révolution française et sa vengeance en Amérique.
FLEMING P., *Le Massacre* ou *Le Bâtard (The Kill)*, 1931. Récit classique par le frère de I. Fleming, l'auteur des James Bond.
ENDORE G., *Le Loup-garou de Paris (The Werewolf of Paris)*, 1933. Histoire mythifiée du sergent Bertrand, nécrosadique français du XIXe siècle.
BYRNE B., « Le hurlement du loup » (« The werefolf's howls »), *in Weird Tales*, 1934. Récit classique de l'école « WeirdTales ».
WANDREI D., « The Hand of the O'Mecca » *in Weird Tales*, 1935. Histoire insolite de louve-garou.
EADIE A., « The Wolf-girl of Josselin » *in Weird Tales*, 1938. Belle histoire tragique de lycanthropie héréditaire.
PHILLPOTS E., *Lycanthrope*, 1937. Classique mais banal.
RAY J., « Le loup-garou » *in Les Aventures de Harry Dickson*, 1937. Faux loup-garou assassin.
WILLIAMSON J., *Plus noir que vous ne pensez (Darker than you think)*, 1940. Science-fiction et lycanthropie.

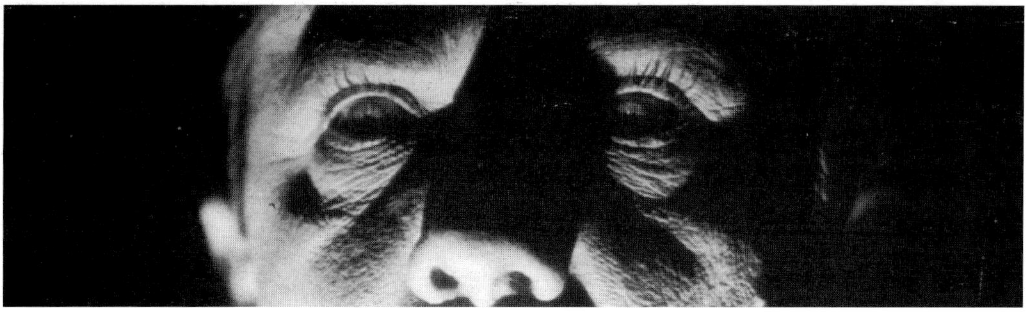

JACOBI C., « Le pistolet fantôme » (« The spectral pistol ») *in Weird Tales,* 1941. Récit classique.
GREGORY F., *The White Wolf,* 1941. Transformation passive émouvante.
BOUCHER A., *The Compleat Werewolf,* 1942. Transformation passive inconsciente et parodie humoristique.
RAY J., *Malpertuis,* 1943. Le thème lycantropique n'apparaît que brièvement à la fin de ce chef-d'œuvre du roman fantastique.
BLOCH R., *L'Homme qui criait au loup (The Man who cried wolf),* 1945. Louve-garou, jalousie et vengeance ; par l'auteur de *Psychose.*
VIAN B., *Le Loup-garou,* 1947. Parodie humoristique avec loup-garou narrateur, anthropolycie et décor urbain.
POURRAT H., « L'homme à la peau de loup » *in Le Trésor des contes,* 1948-1962. Légende auvergnate.
BROWN F., *Un cadavre au clair de lune (The Bloody Moonlight),* 1949. Roman policier.
BLISH J., *There shall be no darkness*, 1950. Loup-garou écossais ; classique et humain.
ELLIOTT B., *Hors de la tanière (Wolves don't cry),* 1954. Anthropolycie dans un contexte tragique.
ANDERSON P., *Opération Chaos (Operation Afreet),* 1956. Humour et science-fiction.
VAN HERP J. (alias M. Jansen), « Weerwolf » *in Fiction,* 1957. Variante campinoise de la légende rapportée par Ch. de Coster, avec chute fantastique.
BRETT L., *Le Chien-loup justicier (White Wolf),* 1958. Un loup-garou inspecteur de police.
SANDEMOSE A., *Le Loup-garou (Warwulven),* 1958. Beau roman norvégien, où la nature même du loup-garou reste inexpliquée.
SEIGNOLLE Cl., *Le Galoup* (légende de Sologne avec loup-garou narrateur) ; « Ce que me raconta Jacob » (Section S.S. « Werwolf »), *in Un corbeau de toutes les couleurs,* 1962.
FARMER Ph. J., *Ose (Dare),* 1965. Science-fiction.
SIMAK Cl., *Le Principe du loup-garou (The Werewolf Principle),* 1967. Explication extraterrestre de la lycanthropie.
BEAGLE P.S., *Lila (Lila, the Werewolf),* 1967. Parodie humoristique et décor urbain.
CASE D., *Lune de sang (The Cell),* 1969. Très sombre récit d'un loup-garou narrateur, sous forme de journal.
DONALDSON D.C., *Pia,* 1969. Décor urbain, rebondissements narratifs et chute finale.
HENNEBERG N., « Louve d'argent en abîme passant » *in L'Opale Entydre,* 1969. Une des meilleures conteuses fantastiques françaises contemporaines.

Variantes animalières du loup-garou

MÉRIMÉE P., *Lokis,* 1868. Ours-garou.
BIERCE A., « Les Yeux de la panthère » (« The Eyes of the Panther ») *in In the Midst of Life,* 1891. Panthère-garou.
BLACKWOOD A., *John Silence,* 1908. Comprend : « Le camp du chien » (« The Camp of the Dog »), chien-garou ; « Sortilèges anciens » (« Ancient sorceries »), chat-garou.
GARNETT D., *La Femme changée en renard (Lady into Fox),* 1922. Renard-garou.
BELKNAP LONG F. Jr, *The Were-Snake,* 1925. Serpent-garou.
WALPOLE H., *Tarnhelm,* 1928. Chien-garou.
OWEN Th., « Père et fille » *in La cave aux crapauds,* 1945. Chien-garou.
MERRITT A., *La Femme-renard (The Fox-woman),* 1949. Renard-garou.
BELEN (KAPLAN N.), « Prenez garde à la panthère », *in Le Réservoir des sens,* 1966. Panthère-garou.

La porphyrie dans la littérature

POE E., *La Chute de la maison Usher (The Fall of*

the House of Usher), 1839. Entrée supposée de la porphyrie en littérature.
HUTSON S., *Erebe ou les noirs paturages (Erebus)*, 1984. Seule œuvre littéraire associant lycanthropie et porphyrie.

VAMPIRES

Sources primaires

Le Mercure galant, Paris, octobre 1694.
DE TOURNEFORT Pitton (biologiste), *Relation du voyage au Levant*, Paris, 1702.
DE SCHERTZ Ch. F., *Magia posthuma*, Olmütz, 1706.
RANFT M., *De Masticatione Mortuorum in Tumuli Liber*, Leipzig, 1728.
FLÜCKINGER J., SIEGEL I., BAUMGARTNER J.F. (chirurgiens militaires), « Rapport adressé au conseil de guerre impérial à Vienne sur les vampires de Serbie » (« Visum et Repertum ») *in Le Glâneur hollandais*, 1732.
BOYER D'ARGENS Marquis, *Lettres juives*, Paris, 1736.
CALMET DOM A. (bénédictin), *Traité sur les apparitions des anges, des démons et des esprits et sur les revenants et vampires de Bohême, de Moravie et de Silésie*, Paris, 1746-1751.
Pape BENOÎT XIV, *De servorum Dei Beatificatione*, Rome, 1749.
VAN SWIETEN G. (médecin, archiatre de l'impératrice d'Autriche), *Rapport médical sur les vampires*, Vienne, 1755.
VOLTAIRE, *Dictionnaire philosophique*, Paris, 1764.
ROUSSEAU J.-J., *Lettre sur les vampires à l'archevêque de Paris*, Paris, 1767.
DE CARACCIOLI L.A., *Lettre à une illustre morte décédée en Pologne depuis peu de temps*, Paris, 1771.

Ancêtres antiques des vampires : lamies, striges, empuses, onoscèles et autres

HORACE, *L'Art poétique (Ars poetica)*, 14 av. J.-C. Lamies.
OVIDE, *Les Fastes (Fasti)*, 6 apr. J.-C. Striges.
PÉTRONE, « Histoire de Trimalchion » *in Satiricon*, 66 apr. J.-C. Striges.
DE SAMOSATE Lucien, *Histoire vraie*, IIe siècle. Onoscèles.
DE TRALLES Phlegon, *La Fiancée de Corinthe*, IIe siècle. Succube.
PHILOSTRATE L'ATHÉNIEN, *La Vie d'Apollonius de Tyane*, IIIe siècle. Lamie ou empuse.
GOETHE J.W., *La Fiancée de Corinthe (Die Braut von Corinth)*, 1797. D'après Phlegon de Tralles.
POTOCKI J., « Histoire de Menippe de Lycie » *in Manuscrit trouvé à Saragosse*, 1804-1813. D'après Philostrate.
COLERIDGE S., *Christabel*, 1816. Succube.
KEATS J., *Lamia*, 1820. D'après Philostrate.
DE BALZAC H., « Le succube » *in Contes drolatiques*, 1833.
BAUDELAIRE Ch. : « Les métamorphoses du vampire » *in Epaves*, 1866 ; *in Les Fleurs du mal*, édition définitive. Succube.
FRANCE A., *Les Noces corinthiennes*, 1876. D'après Phlegon de Tralles.
SCHWOB M., « Les Striges » *in Cœur double*, 1891.
ASHTON SMITH Cl., « La mort d'Ilalotha » (« The death of Ilalotha »), 1937 et autres histoires de lamies *in Weird Tales*, 1930-1953.

Cousins orientaux des vampires : les goules

Les Mille et Une Nuits, « Histoire de Sidi Nouman », goule féminine, « L'honneur du Ghoul », goule masculine.
BYRON Lord, *Giaour*, 1813.
HOFFMANN E.T.A., « La vampire » (« Hyänen ») *in Contes des frères Serapion (Die Serapionsbrüder)*, 1821.

HUGO V., *Les Orientales,* 1829.
ASHTON SMITH Cl., *La Goule (The Ghoul),* 1934.
BLOCH R., *La Grimace de la goule (The grinning Ghoul),* 1936.
BROWN F., *Une nuit à la morgue (The spherical Ghoul),* 1942. En fait, cette « goule sphérique » est un tatou.
BOUCHER A., *Ils mordent (They bite),* 1943.
SPRAGUE DE CAMP L., *Corpus délectable,* 1953.
ALLEN DE FORD M., *Dents pour dents (The Monster),* 1960.
KING S., *Matière grise (Grey matter),* 1973.

Les vampires dans la littérature

POTOCKI J., *Manuscrit trouvé à Saragosse,* 1804-1813. Selon J. Finné, première apparition littéraire du terme « vampire » (il s'agit en fait de succubes).
POLIDORI J.W., d'après une esquisse de Byron, *The Vampyre,* 1819. Fondement du thème vampirique. Métamorphose du vampire folklorique en séducteur gothique.
NODIER Ch. (ou C. BÉRARD ?), *Lord Ruthwen ou les Vampires,* 1820. Suite et plagiat du précédent. *Le Vampire,* 1820. Pièce de théâtre d'après Polidori.
RAUPACH E.B.S. (ou L. TIECK ?), *Laisse dormir les morts ! (Lass die Toten ruhen),* 1823. Conte allemand. Inspiration folklorique et allégorie sexuelle.
MÉRIMÉE P., *La Guzla,* 1827. Récit folklorique.
GOGOL N., « Vij » *in Mirgorod,* 1835. Légende ukrainienne.
GAUTIER T., *La Morte amoureuse,* 1836. Classique avant la lettre avec une grande richesse thématique : femme-vampire, beauté, érotisme, séduction d'un prêtre, amour du vampire pour sa victime et éternelle jeunesse.
RYMER J.M., *Varney the vampyre or the feast of blood,* 1840. Roman-fleuve, basé sur Polidori, mais enrichissant considérablement le thème.
TOLSTOI A., *La Famille du Vourdalak,* 1847. Vampirisme héréditaire en Serbie. Assez terne comparé à l'équivalent lycanthropique (*Olalla,* de R.L. STEVENSON).
DUMAS A., « Histoire de la dame pâle » *in Les Mille et Un Fantômes,* 1849. Récit assez mièvre avec vampirisme en coup de théâtre final. Inspiré de Polidori ; *Le Vampire,* 1850, pièce de théâtre, inspirée de Polidori.
PONSON DU TERRAIL P.A., *La Baronne trépassée,* 1853. Parodie, par l'auteur de *Rocambole.*
FÉVAL P., *Le Chevalier ténèbre,* 1862. Roman populaire. *La Vampire,* 1867. Roman populaire. *La Ville vampire,* 1875. Parodie.
HUGO V., « Le Sultan Mourad » *in La Légende des siècles,* 1863. Poème évoquant Vlad Dracul.
DE LAUTRÉAMONT Comte, *Les Chants de Maldoror,* 1868.
SHERIDAN LE FANU J., *Carmilla,* 1872. Le plus beau de tous les récits vampiriques. Comme chez Gautier, femme-vampire, beauté, éternelle jeunesse, érotisme et amour, mais ici séduction saphique.
CRAWFORD F.M., *Car la vie est dans le sang (For the blood is the life),* 1880. Femme-vampire. Récit vampirique américain, qui se déroule en Calabre.
QUILLER-COUCH Sir A., « Old Aeson » *in Nought and Crosses,* 1891. Vampirisme psychique.
X.L. (J.O. FIELD), *Le Baiser de Judas (A Kiss of Judas),* 1893. Récit à clés ; résurrection vampirique d'un jeune homme sous forme d'une femme fatale.
STENBOCK Comte E., *Histoire vraie d'un vampire (A true story of a vampire),* 1894. Plagiat masculin de *Carmilla.* Vampirisme énergétique.
STOKER B., *Dracula,* 1897. Le classique des classiques vampiriques : érotisme et éternelle jeunesse, mais aussi solitude et tristesse ; Don Juan et Faust réunis.

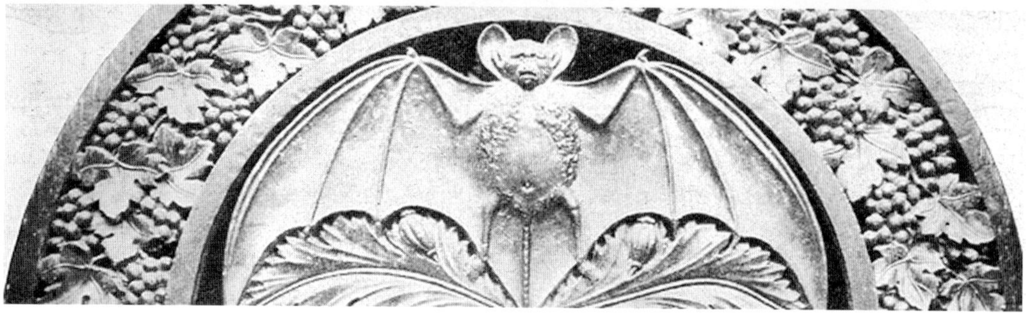

WELLS H.G., *L'Étrange Orchidée (The Flowering of the strange Orchid),* 1897. Plante vampire.
JAMES M.R., « Le Comte Magnus » (« Count Magnus ») *in Ghost Stories from an Antiquary,* 1904. Vampire scandinave. *An Episod of Cathedral History,* 1919. Créature vampirique évoquée par petites touches successives.
BLACKWOOD A., *The Strange Adventure of a private Secretary in New York,* 1906. Horreur et humour noir. *The Transfer,* 1912. Vampirisme psychique.
STROBL K.H., « Le petit homme qui faisait des saignées » (« Das Aderlassmännchen »), 1909, « Le Mausolée du Père Lachaise » (« Das Grabmal auf dem Père Lachaise »), *in Le Triomphe de la mécanique (Unheimliche Geschichten),* 1913. Classiques du fantastique allemand.
LEROUGE G., *La Guerre des vampires,* 1909. Science-fiction, roman populaire et vampirisme énergétique.
APOLLINAIRE G., « Le juif latin » *in L'Hérésiaque et Cie,* 1910. Cas psychiatrique.
ONIONS O., *The Beckoning Fair One,* 1911. Grande nouvelle fantastique.
BENSON E.F., « La chambre dans la tour » (« The room in the tower »), « Mrs Answorth », « Negotium perambulans », « Et nul oiseau ne chante » (« And no bird sings ») *in The Room in the Tower and other spook Stories,* 1912-1934. Classiques de la littérature d'horreur anglo-saxonne.
CABELL J.B., *Jurgen,* 1919. Chef-d'œuvre maudit de la littérature américaine du début du siècle. Dans cette aventure érotique, Jurgen se retrouve, au cours de ses périgrinations, en enfer, dans les bras d'une femme-vampire pleine d'humour.
ROSNY J.-H. aîné, *La Jeune Vampire,* 1920. Vampirisme par osmose et désespoir de la vampire obligée de nuire à celui qu'elle aime. Par l'auteur de *La Guerre du feu.*
LOVECRAFT H.P., « La maison maudite » (« The shunned house »), « Le Molosse » (« The hound »), 1924, « A travers les portes de la clé d'argent » (« Through the Gates of the silver Key », 1934 *in Weird Tales.* Par le grand écrivain fantastique américain, des vampires qui ne ressemblent à aucun autre, sous le signe du culte de Cthulhu et du Necronomicon, l'ouvrage interdit de l'arabe dément Abdul Alhazred.
EWERS H.H., *Vampire (Vampir),* 1922. Un récit poignant de vampirisme consenti et thérapeutique, par le plus grand auteur fantastique allemand de ce siècle.
MOSELLI J., *La Fin d'Illa,* 1925. Science-fiction.
RAY J., « Le gardien du cimetière » *in Les Contes du whisky,* 1925. Un récit ultra-classique par le grand auteur fantastique gantois. Très (trop ?) proche du *Mausolée du Père Lachaise,* de K.H. STROBL. « Le vampire aux yeux rouges », « Le vampire qui chante » *in Les Aventures de Harry Dickson,* 1929-1939. Deux faux vampires : un fou et un demeuré, mais deux des meilleurs Harry Dickson.
ROMAN V., *Quatre Pieux de bois (Four Wooden stakes),* 1925. Récit classique très populaire dans les années 1920-1930.
CONAN DOYLE Sir A., « Le vampire du Sussex » (« The adventure of the Sussex vampire ») *in Archives sur Sherlock Holmes (The Case-Book of Sherlock Holmes),* 1927. Sherlock Holmes confronté avec une fausse vampire.
WORRELL E., « Le canal » (« The Canal »), 1927. Un des récits les plus réputés de *Weird Tales.*
ASHTON SMITH Cl., *Un rendez-vous en Averoigne (A rendez-vous in Averoigne),* 1931. Vampire médiéval. Ecole "Weird Tales".
ASQUITH C., *Dieu fasse qu'elle repose en paix (God Grante That She Lye Stille),* 1931. Classique.
LAWRENCE D.H., « La belle dame » ou « La dame exquise » (« The lovely lady »), 1932 *in Love among the Haystacks and other Stories.* Vampirisme énergétique ; par l'un des plus

grands écrivains anglais de ce siècle.

HOWARD R., *Le Tertre maudit (The Horror from the Mound)*, 1933. Récit classique de l'école "Weird Tales".

JACOBI C., *Révélations en noir (Revelations in black)*, 1933. Récit classique de l'école "Weird Tales".

DAVIDSON H., « The vampire master » *in Weird Tales*, 1933. Pseudonyme de E. Hamilton, grand auteur de *space opera*.

MOORE C.L., « Shambleau » *in Weird Tales*, 1933 et sq. Une superbe mythologie extraterrestre dans le cadre d'un des chefs-d'œuvres du *space opera*.

DICKSON CARR J., *Trois cercueils se refermeront (The Three Coffins)*, 1935. *Celui qui murmure (He who whispers)*, 1946. Romans policiers. Parmi les meilleurs de l'auteur, grand spécialiste des énigmes de type chambre close. Le détective est le célèbre docteur Gideon Fell.

BLOCH R., « Le rôdeur des étoiles » (« The shambler from the stars ») *in Weird Tales*, 1936. Récit mettant en scène H.P. Lovecraft sous les traits de Prinn, l'occultiste solitaire de *Providence*.

KUTTNER H., « Dans ma solitude » (« I, the Vampire ») *in Weird Tales*, 1937. Mélancolie du vampire devant la fatalité de son destin et solitude du mal inévitable. Par l'époux de C.L. Moore.

DEL REY L., « Cross of fire » *in Weird Tales*, 1937. Le vampire tient le rôle principal.

HOFFMANN PRICE E., « The spanish vampire » *in Weird Tales*, 1939. Récit humoristique.

DERLETH A., *Tourbillons de neige (The drifting Snow)*, 1939. Un vampire dans la neige, par le collaborateur de H.P. Lovecraft.

BLOCH R., *La Cape (The cloak)*, 1939 ; *Croquemitaine viendra te chercher (The bogey Man will get you*, 1946 ; *Dingue de tombe ! (Dig that crazy Grave !)*, 1957 et quelques autres très bons récits post-freudiens, par l'auteur de *Psychose*.

STAGGE J. (alias Patrick Quentin), *La Table a tourné (Turn of the table)*, 1940. Roman policier. Le docteur Westlake et sa petite fille Dawn mènent l'enquête : humour et suspense.

KELLER D., *L'Artiste de lune (The Moon Artist)*, 1941. Les personnages d'une peinture s'attaquent à leur créateur.

OWEN Th., « Le péril » *in Les Chemins étranges*, 1943. Conte classique, par un émule belge de Jean Ray. Fillette vampire.

MISTLER J., *Le Vampire*, 1944.

HARVEY W.F., *Miss Avenal*, 1946. Vampirisme énergétique.

BRADBURY R., « La grande réunion » (« The home-coming »), 1947, « L'homme du second » (« The man upstairs »), 1947 *in Le Pays d'octobre (October country), 1955*. Célèbre recueil de "Weird Fantasy".

STURGEON T., « Le professeur et l'ours en peluche » (« The professor's teddy bear »), *in Weird Tales*, 1948 ; *Un peu de ton sang (Some of your blood)*, 1961. Deux textes humains et poignants, par un auteur sensible et sincère, quoiqu'un peu morbide.

LEIBER F., *La Fille aux yeux avides (The girl with the hungry Eyes)*, 1949. Vampirisme psychique.

BOUQUET J.-L., *Laurine ou la Clé d'argent*, 1951. Un des meilleurs conteurs fantastiques français de ce siècle.

MATHESON R., *La Robe de soie blanche (Dress of white Silk)*, 1951 ; *La Voix du sang (Blood Son)*, 1951 ; *Funérailles (The Funeral)*, 1955 ; *Rien de tel qu'un vampire (No such thing as a vampire)*, 1959. Excellentes nouvelles à chute par le grand maître de l'insolite moderne.

MATHESON R., *Je suis une légende (I am Legend)*, 1954. Renversement des valeurs, un homme seul dans une société de vampires. Le grand classique de la littérature vampirique moderne.

BROWN F., *Du sang! (Blood !)*, 1955. Science-fiction et humour, par le spécialiste des récits ultra-courts.

Vian B., *Drencula. Extrait du journal de David Benson,* 1955. Parodie humoristique dans le style de l'auteur.
Durrell L., « Carnaval » *in Balthazar,* 1958. Extrait du célèbre *Quatuor d'Alexandrie.*
Tubb E.C., *Le Blanc-bec (Fresh Guy),* 1958. Brillante parodie et science-fiction.
Woolrich C. (alias W. Irish), « My lips destroy » *in Beyond the Night,* 1959. Bon récit classique par le maître du suspense (*La Sirène du Mississipi ; J'ai épousé une ombre ; La Mariée était en noir ; Lady fantôme ; Fenêtre sur cour ; Les Yeux de la nuit,* etc...).
Beaumont Ch., « Meeting » *in Là-bas et Ailleurs (Yonder),* 1959 ; *Blood Brother,* 1963. Intrigues originales, style brillant, raffiné et parodique.
Belen (N. Kaplan), « Le jour du saigneur », 1960 ; « Veillons au salut du vampire », 1960 *in La Géométrie dans les spasmes,* repris dans *Le Réservoir des sens,* 1966. Récits humoristiques ultra-brefs.
Russ J., *Emily chérie (My dear Emily),* 1962 ; *Il est une autre rive... (There is another Shore, you know, upon the other Side),* 1963. Classiques, mais délicatesse et passion féminines.
Johnstone D.A., « Mr Alucard » *in Over the Edge,* 1964. Parodie.
Seignolle Cl., « Le Chupador », « Pauvre Sonia » *in Histoires maléfiques,* 1965. Vampires parisiens.
Rudorff R., *Les Archives de Dracula (The Dracula Archives),* 1971. Brillant pastiche généalogique.
Allen W., « Le Comte Dracula » (« Count Dracula ») *in Pour en finir une bonne fois pour toute avec la culture (Getting even),* 1971. Nouvelle humoristique, par le célèbre acteur et cinéaste new yorkais.
Aickman R., *Extraits du journal d'une adolescente (Pages from a young girl's journal),* 1973. Vampirisme passif émouvant et vampire narrateur.
Klotz Cl. (alias P. Cauvin), *Dracula père et fils* ou *Paris-Vampire,* 1974. Superbe parodie.
King S., *Salem (Salem's Lot),* 1975. Un best-seller, par l'auteur de *Carrie* et de *Shining.*
Rice A., *Entretien avec un vampire (Interview with a vampire),* 1976. Vampire narrateur.
Tonkin P., *Le Journal d'Edwin Underhill (The Journal of Edwin Underhill),* 1981. Vampire narrateur. Sombre et désespéré, mais superbe.

JACK L'ÉVENTREUR

Wedekind F., *Esprit de la terre (Erdgeist),* 1895, suivi de *La Boîte de Pandore (Die Büchse der Pandora),* 1902. Célèbre suite théâtrale dont la fatale héroïne Lulu rencontrera plus fatale qu'elle.
Belloc-Lowndes M., *Le Locataire (The Lodger),* 1913. Fondé sur l'hypothèse du locataire éventreur.
Brecht B., *L'Opéra de quat'sous (Die Dreigroschenoper),* 1928. Mackie Messer est dérivé de Jack l'Eventreur.
Burke Th., « Les mains de Mr Ottermole » (« The hands of Mr Ottermole »), *in The Pleasantries of Old Quong,* 1931. Fondé sur l'hypothèse du policeman éventreur.
Porlock M. (alias Ph. Mac Donald), *Rex (X versus Rex),* 1933. Parodie.
Bloch R., « Votre dévoué Jack l'Eventreur » (« Yours truly, Jack the Ripper »), *in Weird Tales,* 1943. Fantastique. « Un jouet pour Juliette » (« A toy for Juliet »), suivi de « Le rodeur dans la cité à la lisière du monde » de H. Ellison (« The prowler in the city at the edge of the world ») *in Dangereuses Visions (Dangerous Visions),* 1967. Science-fiction. *La Nuit de l'Eventreur (The Night of the Ripper),* 1984. Reconstitution romancée.
Wilson C., *La Cage de verre (The Glass Cage),* 1966.

QUASIMODO ET AUTRES ENQUÊTES MÉDICO-LITTÉRAIRES

RUTEBEUF, *La Disputaison de Charlot et du barbier,* XIIIe siècle. Acné rosacée.
CHAUCER G., *Les Contes de Canterbury (The Canterbury tales),* 1387. Acné rosacée.
MURET M.A., « De Pompilii Naso » *in Juvenilia,* 1553. Rhinophyma.
SHAKESPEARE W., *La Comédie des erreurs (The Comedy of Errors),* 1592. Acné rosacée. *Henri IV (Henry IV),* 1597-1598. Acné rosacée. *Henri V (Henry V),* 1599. Acné rosacée. *Troïlus et Cressida (Troilus and Cressida),* 1602. Paralysie générale. *Timon d'Athènes (Timon of Athens),* 1607. Paralysie générale.
GRIMM J. et W., « Le fils ingrat » (« Der undankbare Sohn »), *in Contes (Kinder und Hausmärchen),* 1812-1822. Lupus tuberculeux. « Le joueur de flûte de Hamelin » (« Der bunte Rattenfänger von Hamelin ») *in Légendes allemandes (Deutsche Sagen),* 1816. Typhus murin ou peste.
GOETHE W., *Voyages (Reisen),* Posth.. Pellagre.
IRVING W., *Rip Van Winkle,* 1819. Syndrome de Hunter.
HUGO V., *Notre-Dame de Paris,* 1831. Gargoylisme.
HAWTHORNE N., *La Lettre écarlate (The Scarlet Letter),* 1850. Empoisonnement à l'atropine.
BARBEY D'AUREVILLY J., *Une histoire sans nom,* 1882. Pathomimie.
DE MAUPASSANT G., *Madame Hermet,* 1887. Dysmorphophobie.
DOYLE A. Conan, « L'aventure du détective agonisant » (« The Adventure of the dying Detective »), *in Son dernier coup d'archet (His last bow),* 1917. Peste ou typhus des broussailles.
CHRISTIE A., *Le Cheval pâle (The Pale Horse),* 1961. Empoisonnement au thallium.

Bibliographie scientifique

OUVRAGES GÉNÉRAUX

DELUMEAU J., *La Peur en Occident*, Fayard, Paris, 1978.

DELUMEAU J., LEQUIN Y., *Les Malheurs des temps. Histoire des fléaux et des calamités en France*, Larousse, Paris, 1987.

FIEDLERL., *Freaks,* Simon and Shuster, New York, 1978.

Mc KUSICK V.A., *Heritable Disorders of Connective Tissue,* Mosby, St Louis, 1972.

MARTIN E., *Histoire des monstres depuis l'Antiquité jusqu'à nos jours*, Reinwald et Cie, Paris, 1880.

THURER S., « Disability and Monstruosity : a Look at literary Distortions of handicapping Conditions », *Rehab. Lit.* 41 : 12-15, 1980.

WARKANY J., « Congenital Malformations in the Past », *J. Chron. Dis.* 10 : 84-96, 1959.

WARKANY J., « Congenital Malformations through the Ages », *Adv. Exp. Med. Biol.* 27 : 7-15, 1972.

WARKANY J., « The medical Profession and congenital Malformations », *Teratology* 20, 201-204, 1979.

INTRODUCTION

BALL D., « Sir Arthur Conan Doyle », *Practitioner* 215 : 359-368, 1975.

BARING-GOULD W.S., *The annotated Sherlock Holmes,* Clarkson N. Potter, Inc. Publ., New York, 1975.

BARKER D.J., « Dermatology and Medicine in the detective Story », *Dermatology in practice* 12 : 26-30, 1988.

BENVENUTI S., RIZZONI G. ET LEBRUN M., *Le Roman criminel,* L'Atalante, Nantes, 1982.

CAPLAN R.M., « The Circumstances of the missing Biographer », *J. Am. Acad. Dermatol.* 6 : 1112-1114, 1982.

CAPLAN R.M., « The Lion's mane », *Am. J. Dermatopathol.* 5 : 577-579, 1983.

DICKSON CARR J., *The Life of Sir Arthur Conan Doyle,* J. Murray. Ed., London, 1949 (*La Vie de Sir Arthur Conan Doyle,* Robert Laffont, Paris, 1958).

CARTER H.S., « Medical Matters in the Sherlock Holmes Stories », *Glasgow Med. J.* 28 : 414-426, 1947.

DIRCKX J.H., « Sherlock Holmes and the art of dermatologic diagnosis », *J. Dermatol. Surg. Oncol.* 5 : 191-196, 1979.

GUTHRIE D., « Sherlock Holmes and medicine », *Can. Med. Ass. J.* 85 : 996-1000, 1961.

HARDWICK M., HARDWICK M., *The Man who was Sherlock Holmes,* John Murray, London, 1964.

HARNAGEL E.E., « Joseph Bell M.D. : the real Sherlock Holmes », *N. Engl. J. Med.* 258 : 1158-1159, 1958.

HAYCRAFT H., *Murder for pleasure,* D. Appleton-Century Company Inc., New York and London, 1941.

HEDGPETH J.W., « Reexamination of the adventure of the lion's mane », *Scient. Monthly* 60 : 227-232, 1945.

HOFFMAN N.Y., « The doctor and the detective story », *JAMA* 224 : 74-77, 1973.

KLAUDER J.V., « Sherlock Holmes as a dermatologist », *Arch. Dermatol.* 68 : 363-377, 1953.

MUSTO D.F., « Sherlock Holmes and heredity », *JAMA* 196 : 165-169, 1986.

KORTING G.W., « Zum Dermatologischem im Kriminalroman », *Med. Welt* 26 : 17-23, 1975.

NORDON P., « Les aventures de Conan Doyle », *L'Histoire* 101 : 46-52, 1987.

ODERWALD A.K., SEBUS J.H., « The physician and Sherlock Holmes », *J. R. Soc. Med.* 82 : 33-36, 1989.

PESCHEL R.E., PESCHEL F., « What physicians have in common with Sherlock Holmes », *J. R. Soc. Med.* 82 : 33-36, 1989.

RONCHESE F., *Occupational Marks and other physical Signs. A guide to personal Identification,* Grune and Stratton, New York, 1948.
SCARLETT E.P., « The old original », *Arch. Int. Med.* 114 : 696-701, 1964.
SCARLETT E.P., « The doctor in detective fiction », *Arch. Int. Med.* 188 : 180-186, 1966.
SMITH E.B., BEERMAN H., « Sherlock Holmes and dermatology », *Int. J. Dermatol.* 16 : 433-437, 1977.
SMITH E.B., « The Sir James Saunders Society », *J. Am. Acad. Dermatol.* 9 : 613-618, 1983.
STARRETT V., *The Private Life of Sherlock Holmes,* Allen and Unwin Eds, London, 1961.
STEINBRUNNER CH., PENZLER O., *Encyclopedia of Mystery and Detection,* Mc Graw-Hill Ed., New York, 1976.
WATTS M.T., « The mysterious Case of the Doctor with no Patients », *J. R. Soc. Med.* 84 : 165-166, 1991.
WESTEMORELAND B.F., « Arthur Conan Doyle, Joseph Bell and Sherlock Holmes », *Arch. Neurol.* 48 : 325-329, 1991.

L'HOMME-ÉLÉPHANT

« Reports of the first meeting of the Pathological Society of London to consider the case of the Elephant Man », *Br. Med. J.* 2 : 1140, 1884; *Lancet* 1 : 595, 1885.
« Elephant Man », report, *Br. Med. J.* 2 : 1188-1189, 1886.
« Death of the Elephant Man », *Br. Med. J.* 1 : 916-917, 1890.
BROECKX W., *La Neurofibromatose de Von Recklinghausen,* Servinfo-Brocadès Ed., 1986.
COHEN Jr M.M., HAYDEN P.W., « A newly recognised hamartomous syndrome », *Birth Defects* 15 : 291-296, 1979.
HOWELL M., FORD P., *The True History of the Elephant Man,* Allison and Busby Eds., London, 1980. (*Elephant Man,* Belfond, Paris, 1981).
KOHN S.R., « The Elephant Man », *N. Engl. J. Med.* 301 : 947, 1979.
MASSEY J.M. et MASSEY E.W., « Dr Trevelyan and Mr Treves : Sherlock Holmes and the Elephant Man », *South. Med. J.* 78: 854-857, 1985.
MONTAGU A., *The Elephant Man : a Study in human Dignity,* Outerbridge and Dientfrey Eds, New York, 1971.
TIBBLES J.A.R., COHEN Jr M.M., « The Proteus syndrome. The Elephant Man diagnosed », *Br. Med. J.* 293 : 683-685, 1986.
TREVES F., « A case of congenital deformity », *Trans. Pathol. Soc. London* 36 : 484-498, 1885.
VON RECKLINGHAUSEN F., *Uber die multiplen Fibrome der Haut und ihre Beziehung zu den multiplen Neuronen,* Hirschwald Ed., Berlin, 1882.
PARKES WEBER F., « Cutaneous Pigmentation as an incomplete Form of Von Recklinghausen's Disease, with Remarks on the Classification of incomplete Forms of Von Recklinghausen's Disease », *Br. J. Dermatol.* 21 : 49-51, 1909.
WIEDEMANN H.R.*et al*, « The Proteus syndrome », *Eur. J. Pediatr.* 140 : 5-12, 1983.
ZAPATKA F., « The Elephant man », *Plast. Rec. Surg.* 69 : 563-564, 1982.

RICHARD III

AIRD C. et Mc INTOSH R.A.C., « Shakespeare's Richard III and the Ellis Van Creveld syndrome », *Practitioner* 220: 656-662, 1978.
BRAMWELL N.H., BYARD R.W., « Richard III », *Lancet* 338 : 952,1991.
DREWETT R., REDHEAD M., *The Trial of Richard III,* Allan Sutton Ed., 1984.
ELLIS R.W.B. et VAN CREVELD S., « Chondroectodermal dysplasia », *Arch. Dis. Child.* 15 : 65-68, 1940.

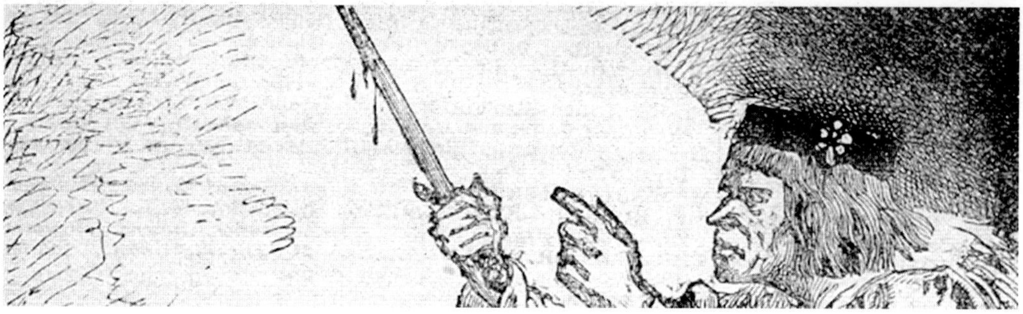

HANHAM A., *Richard III and his early Historians,* Oxford University Press, 1975.
HOOK E.B., « Shakespeare, Genetics, Malformations and the War of the Roses », *Teratology* 35 : 147-155, 1987.
HOOK E.B., « Hereditary themes in Shakespeare's poetry », *Persp. Biol. Med.* 31 : 429-436, 1988.
MURRAY KENDALL P., *Richard III,* Allen and Union Ed., London, 1955 (*Richard III,* Fayard, Paris, 1979).
MURRAY KENDALL P., *Richard III – The Great Debate,* The Folio Society, London, 1965.
NICOLL A., NICOLL J., *Holinshed's Chronicle as used in Shakespeare's Plays,* Dent Ed., London, 1927.
POTTEN J., *Good King Richard?,* Constable Ed., London, 1983.
RHODES P., « Physical deformity of Richard III », *Br. Med. J.* II : 1650-1652, 1977.
ROSS C., *Richard III,* Eyre Methuen Ed., London, 1981.
THORN J., LOCKYER R. et SMITH D., *A history of England,* E. Benn Ltd Ed., London, 1961 (*Histoire de l'Angleterre,* Gérard Ed., Verviers, 1968).

LOUPS-GAROUS ET VAMPIRES

Les porphyries

DISLER P.B. et MOORE M.R., « Porphyria », *Clinics in Dermatology,* vol. 3, n° 2, J.B. Lippincott Ed., Philadelphia, 1985.
DOLPHIN D., « Porphyrias and vampires », Comm. Los Angeles, 1985. Repris dans J.-Y. Nau, « La seconde mort des vampires », *Le Monde,* 9-10.6.1985.
ILLIS L., « On Porphyria and the Aetiology of Werwolves », *Proc. Roy. Soc. Med.* 57 : 23-26, 1964.
JACQUESSON M. *et al,* « Les Porphyries », *Le Concours médical,* 103 : 1231-1247, 1981.
RICKMAN L.S., KIM C.R., « "Poe-phyria", madness and "The fall of the house of Usher" », *JAMA* 261 : 863-864, 1989.

Loups-garous

ANGLO S., *The Damned Art,* Routledge and Kegan Paul Ed., London, 1977.
BERNARD D., « La peur du loup », *L'Histoire* 18 : 108-116, 1979.
CAMPORESI P., *Le Pain sauvage. L'imaginaire de la faim de la Renaissance au XVIIIe siècle,* Le Chemin vert, Paris, 1981.
CLARK St., « The scientific Status of Demonology », *in Occult and Scientific Mentalities in the Renaissance,* Cambridge University Press, 1984.
COPPER B., *The Werewolf in Legend, Fact and Art,* R. Hale Ed., London, 1977.
DELORT R., « La guerre du loup », *L'Histoire* 53 : 6-17, 1983.
DELUMEAU J., « La grande répression de la sorcellerie » *in La Peur en Occident,* Fayard, Paris, 1978.
ESTES L.L., « The medical Origins of the European Witch Craze : a Hypothesis », *J. Soc. Hist.* 17 : 271-284, 1983.
GINZBURG C., *Storia notturna,* Einaudi Ed., Torino, 1989 (*Le Sabbat des sorcières,* Gallimard, Paris, 1992).
MALSON L., *Les Enfants sauvages,* Union Générale d'Editions, Paris, 1964.
MONTER E.W., *Witchcraft in France and Switzerland,* Ithaca London Ed., Cornell University Press, 1976.
O'DONNELL E., *Werewolves,* Wholesale book corp. Ed., New York, 1972.
OTTEN Ch., *Werewolves in Western Culture,* Syracuse University Press, New York, 1986.
PORTER J.R., W.M.S. RUSSELL, *Animals in*

SANGVISVGIS,
VVLGO SIC DICTIS
Vampyren,

Folklore, D.S. Brewer, Ltd, London, 1978.
SUMMERS M., *The Werewolf,* University Books, New York, 1966.
VILLENEUVE R., *Loups-garous et Vampires,* Flammarion, Paris, 1970.

Vampires

COPPER B., *The Vampire in Legend, Fact and Art,* Corgi Books, London, 1975.
RIBADEAU DUMAS F., *A la recherche des vampires,* Gérard Ed., Verviers, 1976.
FAIVRE T., *Les Vampires,* Le Terrain Vague, Paris, 1962.
HARF-LANCNER L., « Dracula : les métamorphoses d'un prince roumain », *L'Histoire* 131 : 36-41, 1990.
MICHAUD-FRÉJAVILLE F., « La véritable histoire de Dracula », *L'Histoire* 28 : 76-77, 1980.
FLORESCU R., MC NALLY R., *In search of Dracula,* New York Graphic Society, 1972 (*A la recherche de Dracula. L'histoire, la légende, le mythe,* Robert Laffont, Paris, 1973).
POZZUOLI A., *Bram Stoker. Biographie,* Librairie Seguier, Paris, 1989.
SUMMERS M., *The Vampire. His Kith and Kin,* University Books, New-York, 1960.
SUMMERS M., *The Vampire in Europe,* Aquarian Press, Wellinborough, 1980.
VILLENEUVE R., *Loups-garous et Vampires,* Flammarion, Paris, 1970.
VILLENEUVE R. et DEGAUDENZI J.L., *Le Musée des vampires,* Henri Veyrier, Paris, 1976.
VOLTA O., *Le Vampire,* J.-J. Pauvert, Paris, 1962.

Anthologies et études littéraires

DICKIE J., *The Undead. Vampire Masterpieces,* Neville Spearman Ed., London, 1971.
FINNÉ J., *La Littérature fantastique,* Presses de l'Université libre de Bruxelles, 1980.
FINNÉ J., *Trois Saigneurs de la nuit,* vol. 1, 2 et 3. Nouvelles Editions Oswald, Paris, 1986-1988.
FINNÉ J., *La Bibliographie de Dracula,* L'Age d'Homme, Genève, 1986.
FRAYLING Ch., *Vampyres. Lord Byron to Count Dracula,* Faber and Faber Ed., London, 1992.
FROST B.J., *Book of the Werewolf,* Sphere Books, London, 1973.
HAINING P., *The Midnight People,* Everest Books, London, 1975.
LACASSIN F., *Vampires de Paris,* Union générale d'éditions, Paris, 1981.
MARIGNY J., *Histoires anglo-saxonnes de vampires,* Librairie des Champs-Elysées, Paris, 1978.
MARIGNY J., *Le Vampire dans la littérature anglo-saxonne,* Didier Ed., Paris, 1985.
MARIGNY J., *Sang pour sang. Le réveil des vampires,* coll. « Découvertes », Gallimard, Paris, 1993.
PARRY M., *The Rivals of Dracula. A Century of vampire Fiction,* Corgi Books, London, 1977.
RYAN A., *The Penguin Book of vampire Stories,* Penguin Ed., London, 1987.
VAN HAGELAND A., *Treize Histoires de loups-garous,* Gérard Ed., Verviers, 1978.
VOLTA O. et RIVA V., *I Vampiri tra noi,* Feltrinelli Ed., Milan, 1960 (*Histoires de vampires,* Robert Laffont, Paris, 1961).

L'AFFAIRE JACK L'ÉVENTREUR

BOURGOIN S., *Jack l'Eventreur,* Fleuve Noir, Paris, 1992.
CHARLOT M. et MARX R., *La Société victorienne,* A. Colin, Paris, 1978.
CHESNEY K., *The Victorian Underworld,* Pelican, London, 1972 (*Les Bas-fonds victoriens,* Robert Laffont, Paris, 1982).
CULLEN T., *The Autumn of Terror. Jack the Ripper, his Crimes and Times,* Bodley Head Ed., London,

1965 (*Jack l'Eventreur,* Denoël, Paris, 1966).
HOWELLS M. et SKINNER K., *The Ripper Legacy: the Life and Death of Jack the Ripper,* London, 1987.
MARX R., « L'Énigme Jack l'Eventreur », *L'Histoire* 62: 10-21,1983.
MARX R., *Jack l'Eventreur et les Fantasmes victoriens,* Ed. Complexe, Bruxelles, 1987.
RODIN A.E., « Arthur Conan Doyle's Thesis on Tabes Dorsalis », *JAMA* 247: 646-650, 1982.
RUMBELOW D., *The Complete Jack the Ripper,* Allen Ed., London, 1975.
SPIERING F., *Prince Jack. The true story of Jack the Ripper,* Doubleday and Co. Ed., New York, 1978.

QUASIMODO ET AUTRES ENQUÊTES MÉDICO-LITTÉRAIRES

BEEBE R.T., « Hunter's syndrome, gargoyles and Washington Irving's "Rip Van Winkle" », *Bull. Hist. Med.* 44: 582-585, 1970.
BERNARD J., « Lasthénie de Ferjol, Marie de Saint-Vallier, Emilie de Tourville ou le romancier et l'anémie », *Nouv. Rev. Fr. Hématol.* 24: 43-44, 1982.
BERNARD J., NAJEAN Y., ALBY N., RAIN J.-D., « Les anémies hypochromes dues à des hémorragies volontairement provoquées. Syndrome de Lasthénie de Ferjol », *Presse Méd.* 75: 2087-2090, 1967.
BOLDAUN N.W., « Chaucer and matters medical », *N. Engl. J. Med.*, 208: 1366-1368, 1933.
COX J, « Quest for Quasimodo », *Br. Med. J.* 291: 1801-1803, 1985.
DEES D., « Timon von Athen, Drama von Shakespeare nach psycho-patologischen Gesichtpunkten erklärt », *Ztschr. gesch. Neur. Psych.* 28: 50-59, 1915.
DE GIACOMONI Ph, PICAUD D., POUGET-ABADIE J.F., GUIROY J.Y., LARREGUE M., « Emphysèmes sous-cutanés multiples, récidivants, auto-provoqués. Analogie avec le syndrome de Lasthénie de Ferjol », Journées dermatologiques de l'hôpital Saint-Louis, Paris, 1983.
DIECKMANN F., « Rosacea und Rhinophym in Literatur und Kunst », *Dermatol. Ztschr.* 62: 20-31, 1931.
DIRCKX J.H., « The pied piper of Hamelin. A medical-historical interpretation », *Am. J. Dermatopathol.* 2: 39-45, 1980.
DIRCKX J.H., « Chaucer and medicine », *Am. J. Dermatopathol.* 9: 537-542, 1987.
DRUCKER T., « Some medical allusions in the Canterbury tales », *N.Y. State J. Med.* 68: 444-447, 1968.
EHRENKRANZ N.J., « A. Conan Doyle, Sherlock Holmes, and murder by tropical infection », *Rev. Infect. Dis.* 9: 222-225, 1987.
GRANT R.N.R., « The History of Acne », *Proc. Roy. Soc. Med.* 44: 647-652, 1951.
HAHN Jr T.F., « Syphilis in Shakespeare's tragedies », *J. Florida Med. Ass.* 10: 714-717, 1958.
HANKIN E.H., « The Pied Piper of Hamelyn and the coming of the black Death », *Torquay Nat. Hist. Soc. Tr. Proc.* 6 : 23-31, 1930.
HOLLIER R., *La Peur et les Etats qui s'y rattachent dans l'œuvre de Maupassant,* Imprimeries réunies, Lyon, 1912.
KAHN M.F., BERANEK L., DAUDIN M., « Les rhumatismes dans la littérature française non médicale », *in Les Affections rhumatismales dans l'art et dans l'histoire,* Th. Appelboom (Réd.), R. Malherbe Ed, Bruxelles, 1988.
KHAN J.A., « Atropine poisoning in Hawthorne's 'The scarlet letter' », *N. Engl. J. Med.* 311: 414-416 et 1438-1441, 1984.
KOCKEL H., « Lupus in fabula », *Arch. Gesch. Med.* 19: 349-350, 1927.
MANDEL S.L., « Chaucer's vivid medical world pictures », *Int. J. Dermatol.* 22: 329-331, 1983.

MATTHEWS T.G. et DUBOWITZ V, « Diagnostic mousetrap », *Br. J. Hosp. Med.* 6 : 607-608, 1977.
OBER W.B., « Conan Doyle's dying Detective : Problem in differential Diagnosis », *N.Y. State J. Med.* 67 : 2141-2145, 1967.
O'NEILL Y.V., « Chaucer and Medicine », *JAMA* 208 : 78-82, 1969.
ROBB-SMITH A.H.T., « Thallium and a pale horse », *Lancet* 1 : 872, 1986.
ROLLESTON J.D., « Chaucer and dermatology », *Br. J. Dermatol.* 45 : 62-65, 1933.
ROLLESTON J.D., « A Note on the early History of Rosacea », *Proc. Roy. Soc. Med.* 27: 327-329, 1933.
SOLOMON C.M., « Quasimodo's diagnosis », *JAMA* 204 : 190-191, 1968.
WOODS A.H., « Syphilis in Shakespeare's tragedy of Timon of Athens », *Am. J. Psychiatr.* 91 : 95-107, 1934.

CRÉDITS PHOTOGRAPHIQUES

Associated Press: p. 44.
Bernard Eche: pp. 68, 75.
Bibliothèque des Arts décoratifs: p. 36 bas, pp. 45, 53, 101 (J.-L. Charmet).
Bibliothèque nationale: pp. 24, 26 (2), 30 (2), 37 bas, 38 haut, 39, 42, 46 haut et bas (J.-L. Charmet), 47 (2), 49 (J.-L. Charmet), 50, 51, 52 (J.-L. Charmet), 69, 73, 78, 79 gauche, 111 (J.-L. Charmet), 115, 116, 123 (J.-L. Charmet).
Bibliothèque polonaise de Paris: p. 62.
British Medical Journal: p. 16 gauche.
British Museum: p. 17 droite, 20.
Charmet J.-L.: pp. 18 bas (collection particulière), 67.
Collection Cahiers du cinéma: pp. 41, 80, 91.
Edimédia: pp. 76 (archives Snark, collection particulière), 95 (collection particulière), 104.
Henry Huntington Library: p. 113.
Hôpital de Londres: pp. 14, 17 en bas, 18 haut, 19, 20.
Kunsthistorisches Museum, Vienne: p. 65.
Lambeth Palace Library: p. 48.
Mary Evans Picture Library: pp. 66, 84 droite.
Musée du Louvre: pp. 28, 112.
Musée du Prado, Madrid: pp. 73, 78.
Musée de Versailles: p. 124.
Musée Wiertz/Musées royaux des Beaux-Arts de Belgique, Bruxelles: p. 74.
National Portrait Gallery: p. 31 droite.
Newberry Library, Chicago: p. 56.
New York Public Library Picture Collection: p. 120.
Revue *Strahlentherapie und Onkologie*, Munich, supp. 8, 1923: p. 40 (W. Hausmann).
Roger Viollet: pp. 27, 31 gauche, 33 (3), 100 (© collection Viollet), p. 105 (© Lipnitzki-Viollet), pp. 110, 115 (© collection Viollet), p. 116 (© Lipnitzki-Viollet), p. 117 (© Boyer-Viollet).
The Era, 26 octobre 1901 : p. 16 droite.
University of Chicago Library: p. 38 bas.
Usis: p. 108 centre.
Droits réservés: pp. 17 gauche, 21, 22, 23, 34, 41, 54 gauche et droite, 55, 57, 58, 59, 60, 61 haut, 68, 70, 82, 85 droite, 86, 87, 88, 89, 90, 100 bas, 121, 126.

Remerciements aux éditeurs suivants pour l'utilisation de couvertures ou d'illustrations:

Charles Knight: pp. 29, 114. Oswald (Paris): couverture, p. 34. Rombaldi (Rouen): p. 54. J'ai lu: pp. 57, 86, 97. Fleuve Noir: p. 60. Lebègue (Bruxelles): p. 61 bas. Le Rocher (Monaco): p. 68. William Heinemann (New York): p. 108 divers. Carrefour: p. 119. Champs Elysées: p. 126

MAQUETTE
David Lee Fong
assisté par Luciana Chiaravalli et Jean-Louis Christophe

Achevé d'imprimer en octobre 1993
sur les presses de l'Imprimerie Hérissey à Évreux (Eure)
N° d'impression : 63015
Dépôt légal : octobre 1993